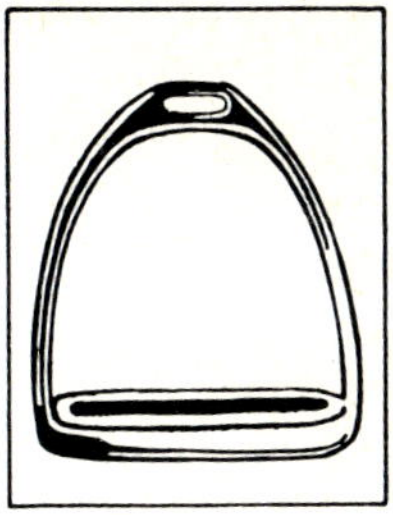

Carol Green

Springtraining in Wort und Bild

Die Ausbildung des jungen Pferdes

Franckh'sche
Verlagshandlung
Stuttgart

Aus dem Englischen übertragen und für die deutsche Ausgabe bearbeitet von Sigrid Eicher
Titel der Originalausgabe: „Jumping explained“
Ward Lock Ltd., London 1976

33 Farbfotos und 8 Schwarzweiß-Fotos von R. N. Targett und aus dem Besitz der Autorin
19 Zeichnungen im Text

Umschlaggestaltung von Siegfried Fischer, unter Verwendung eines Dias von Werner Ernst

CIP-Kurztitelaufnahme der Deutschen Bibliothek

Green, Carol
Springtraining in Wort und Bild : d. Ausbildung d. jungen Pferdes / [aus d. Engl. übertr. u. für d. dt. Ausg. bearb. von Sigrid Eicher]. – 1. Aufl. – Stuttgart : Franckh, 1978.
(Franckhs Reiterbibliothek)
Einheitssacht.: Jumping explained ‹dt.›
ISBN 3-440-04611-7
NE: Eicher, Sigrid [Bearb.]

Franckh'sche Verlagshandlung, W. Keller & Co., Stuttgart/1978

Printed in Italy / Imprimé en Italie / LH 9 IK / ISBN 3-440-04611-7
Satz: Konrad Triltsch, Graphischer Betrieb, Würzburg
Druck und Buchbinder: Editoria S.N.C. di G. A. Benvenuto & C., Trento (Italien)

Springtraining in Wort und Bild

Die Wahl eines Springpferdes

Für den Erfolg eines Pferdes als Springpferd sind weder Größe noch Aussehen, wohl aber ein paar entscheidende Charaktereigenschaften ausschlaggebend: ein gutes Springpferd braucht Mut, gesunden Selbsterhaltungstrieb und eine natürliche Springveranlagung.
Wenn man nach einem Pferd für Spring- oder Vielseitigkeitsprüfungen Ausschau hält, muß man es zuerst nach seinem Gesamteindruck beurteilen und die guten und schlechten Eigenschaften gegeneinander abwägen. Wer sich zum ersten Mal in das Wagnis stürzt, ein eigenes Pferd auszubilden, wird wohl noch nicht über genügend Erfahrung verfügen, um die Wahl allein zu treffen, und sieht sich daher besser nach einem Fachmann um, der ihm zur Seite steht.

Bild 1. Die starke, gut entwickelte Hinterhand weist auf gute Springveranlagung hin.

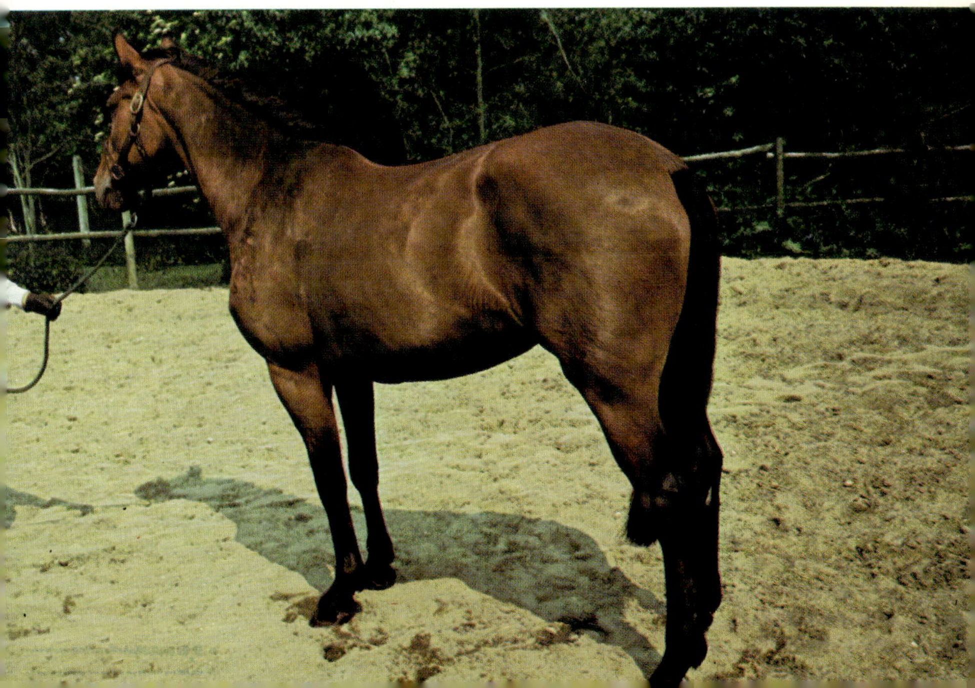

Das Pferd sollte nicht gerade häßlich sein, eine gewisse Ausstrahlung, eine Mischung aus Persönlichkeit und Vitalität, besitzen und sich leichtfüßig bewegen. Die besten Ergebnisse sind von einem Pferd zu erwarten, das Klasse besitzt, bei dem die Proportionen stimmen und das einen wachen, aufmerksamen Eindruck macht.

Ein kleiner, frei getragener Kopf und große, furchtlos und offen blickende Augen sind Zeichen von Klasse. Der Rücken sollte kurz sein, die Rückenlinie sich gefällig vom Genick über Widerrist, Sattellage und Kruppe bis hin zum Schweifansatz schwingen. Eine breite, tiefe Brust, die sogenannte Gurtentiefe, verrät dem Fachmann, daß Herz und Lunge genügend Platz haben, so daß nichts ihre Funktionsfähigkeit beeinträchtigt. Die Nierenpartie sollte kurz und kräftig sein, während die Partie von der Hüfte zum Sprunggelenk langgeschwungen sein darf; die Hinterhand muß stark, der Oberschenkel kräftig bemuskelt sein. Die Hufe sind natürlich sehr wichtig und müssen einwandfrei in der Form sein, die Vorderhufe gerundet und die Hinterhufe mehr oval, mit gesundem Horn und gut entwickelter Strahlfurche. Das Röhrbein darf im Vergleich zum gesamten Körper nicht zu schwach sein. Man mißt den Umfang unmittelbar unter dem Vorderfußwurzelgelenk, wobei ein Umfang von 21,6 cm als ideal gilt. Die Energie, die Ihr Pferd zum Überspringen großer Hindernisse befähigt, kommt aus der Hinterhand, weshalb ich die Länge des Rückens für sehr entscheidend halte. Sie verrät einiges über die diesbezüglichen Möglichkeiten des Pferdes, denn ein Pferd mit einem langen Rücken läßt sich oft nur schwer versammeln und kann sich in Kombinationen mit kurzen Abständen eventuell schwertun. Der bessere Kauf wäre wohl ein Pferd mit kurzem Rücken, kräftiger Hinterhand, wohlgerundeter Lende, die der Muskelentwicklung Raum bietet, und ausgeprägten, tiefliegenden, gut gewinkelten Sprunggelenken. Der Hals sollte gut aufgesetzt sein auf eine allmählich abfallende, schräge Schulter. Beim Vortraben an der Hand muß sich das Pferd frei aus der Schulter heraus bewegen und darf keine kurzen, stoßenden Tritte zeigen.

Ganz gleich, wie ein Pferd gezogen ist: es muß auf jeden Fall ein ruhiges Temperament haben. Die hoch im Blut stehenden, leicht erregbaren Pferde sind im Parcours oft unberechenbar und passen im Gelände nicht genügend auf. Bevor man ein Pferd kauft, sollte man es nach Möglichkeit zuerst ohne Reiter an der Longe über ein Hindernis gehen lassen. Das zeigt, ob das Pferd gern oder widerwillig springt, ob es über dem Sprung den Rücken aufwölbt und ob es den Sprung anzieht. Wenn es unterläuft – das heißt wenn es spät abspringt –, kann dies darauf hinweisen, daß es schon über Sprünge „gejagt" und ohne richtige Ausbildung zum Springen gezwungen wurde. Achten Sie auch darauf, ob das Pferd sich beim Freispringen in Kombinationen selbst die Galoppsprünge einteilt. Oft verliert ein Pferd, das unter dem Reiter recht passabel zu springen scheint, beim Freispringen beträchtlich. Solch ein Pferd ist vielleicht beim Springen zu sehr auf die Unterstützung durch Schenkel und Zügel des Reiters angewiesen und hat nicht gelernt, Eigeninitiative zu entwikkeln und sich selbst auszubalancieren.

Ein gutes Springpferd muß die leisesten Reiterhilfen jederzeit annehmen, muß beim Springen und bei der Arbeit auf jeden Schenkeldruck sofort reagieren. Die Ausbildung muß darauf ausgerichtet sein, daß der Reiter sein Pferd jederzeit in der Hand hat. In den folgenden Kapiteln will ich zu beschreiben versuchen, wie dies und andere von einem guten Spring- und Vielseitigkeitspferd zu erwartende Eigenschaften am besten zu erreichen sind.

Bild 2. Springsattel mit zusätzlichem Gurt über dem Sattel.

Der Reiter

Ein erfolgreicher Springreiter muß sehr viel Passion haben, und bevor er auch nur daran denken darf, einen Stil und eine Springtechnik zu entwickeln, muß er einen Großteil seiner Zeit darauf verwenden, richtig sitzen zu lernen. Ein fertiger Reiter sollte in allen Sätteln zu Hause sein und sich durch Enthusiasmus, Geduld und einen unerschütterlichen Sinn für Humor auszeichnen. Ungeduld und schlechte Laune übertragen sich schnell vom Reiter auf das Pferd – wodurch das Pferd aus dem Konzept gerät und der Mißerfolg geradezu vorprogrammiert ist.

Wer sich für Springreiten interessiert, hat sicher bemerkt, daß zum Springen im leichten Sitz geritten wird. Die Steigbügel werden bis zu vier Loch kürzer geschnallt als sonst, weil der Reiter sein Gewicht dann leichter mit dem Knie und dem Steigbügel abfangen kann. Die von Oberkörper, Knie und Fußgelenk gebildeten Winkel sind dabei etwas geschlossener als beim normalen Sitz. Zur Verbesserung des Sitzes wird über kleine Sprungfolgen, In-Outs und Kombinationen geritten. Dadurch entwickelt sich ein unabhängiger Sitz, so daß das Reitergewicht das Pferd weniger stört und es weitgehende Bewegungsfreiheit hat.

Ein veranlagtes Pferd senkt vor dem Sprung den Kopf und streckt den Hals, um im voraus die Größe des Hindernisses abzuschätzen und sich den Absprung einzuteilen. Hals und Kopf sind die wichtigsten Balancierhilfen des Pferdes. Vor dem Sprung, bevor die Vorderbeine beim Absprung den Boden verlassen, werden Hals und Kopf lang ausgestreckt. Dadurch ist das Pferd in der Lage, seine letzten Galoppsprünge entsprechend zu verkürzen und einzuteilen und sich den richtigen Absprung zu suchen. Deshalb ist es besonders wichtig, daß der Reiter beim Anreiten eines Sprunges nicht den Kontakt zum Pferdemaul verliert. Weich und losgelassen müssen die Hände die Kopfbewegung des Pferdes mitmachen. Auf diese Weise stört der Reiter am wenigsten.

Beim entscheidenden letzten Galoppsprung hebt das Pferd einen Augenblick, bevor die Vorhand den Boden verläßt, Hals und Kopf, so daß es das Reitergewicht über der Schulter tragen kann. In dieser Stellung sind die Schultergelenke des Pferdes offen, und die dadurch entstehende Muskelkraft hebt die Vorhand während der ersten, ansteigenden Phasen des Sprunges vom Boden ab. Der Reiter darf keinen Augenblick den Kontakt zum Pferdemaul verlieren, muß dem Pferd aber auch gleichzeitig jede Freiheit lassen, Kopf und Hals als Balancierstange zu benutzen. Wenn sich die Vorderbeine vom Boden lösen, streckt sich der Hals erst nach vorn und dann abwärts, so daß sich Schultern und Vorderbeine über den Sprung heben können.
Die Hinterhand ist mit gewinkeltem Sprunggelenk gut unter das Körpergewicht gesprungen. Die Schwebephase des Sprungs beginnt, wenn die Hinterbeine den Boden verlassen. Sobald die Vorhand den Sprung passiert hat, heben sich Hals und Kopf aus ihrer vorwärts-abwärts geneigten Haltung. Während der Schwebephase über dem Sprung und bei der Landung ist es besonders wichtig, daß der Reiter im Gleichgewicht bleibt und sein Gesäß den Sattel nicht berührt. Wenn der Reiter nämlich den Pferderücken voll belastet, bevor die Hinterhand den Sprung passiert hat, kann das Pferd den Rücken nicht aufwölben. Es wird ihn festhalten oder wegdrücken, so daß es die Hinterbeine nicht genügend anziehen kann und das Hindernis berührt und womöglich abwirft.
Bei der Landung benutzt das Pferd Hals und Kopf so, daß der Aufprall der Vorderbeine gemildert wird und es für den folgenden Galoppsprung sein Gleichgewicht wiedergewinnt. Wer ein guter Springreiter werden will, muß sich den gesamten Bewegungsablauf des Pferdes während eines Sprunges klarmachen, damit ihm bewußt wird, wie wichtig ein geschmeidiger Sitz im Gleichgewicht und ein minimaler Zügelwiderstand sind, damit das Pferd die beschriebenen Bewegungen ungehindert und ohne Störung von seiten des Reiters ausführen kann. Wenn es dem Reiter gelingt, bei vermehrt treibendem Schenkel einen leichten Zügelwiderstand aufrechtzuerhalten, das Pferd quasi „einzuspannen“ zwischen treibenden und verhaltenden Hilfen, bleibt das Pferd gelassen und voll Vertrauen. Der Reiter verfügt damit über eine Energiereserve, die er bei Bedarf einsetzen

kann. Während der Schwebephase sieht der Reiter nach vorn in die Richtung, in die er weiterreiten will. Der Unterschenkel schmiegt sich möglichst dicht an den Pferdeleib, die Arme gehen mit abgewinkeltem Ellbogen nach vorn, um dem Pferd genügend Zügelfreiheit für die ersten Galoppsprünge nach der Landung zu geben. Nun richtet sich auch der Reiter im Sattel wieder mehr auf, und während er den nächsten Sprung anreitet, nimmt er die Zügel vermehrt an und stellt den normalen Kontakt zum Pferdemaul wieder her.

Ein ausbalancierter, geschmeidiger Sitz und das Mitgehen in der Bewegung des Pferdes werden besonders durch im gleichen Abstand hintereinander aufgebaute niedrige Sprungfolgen und kleine Kombinationen gefördert.

Das sind in groben Umrissen die Fähigkeiten, die von einem Turnierreiter zu erwarten sind. Unendliche Geduld und Entschlossenheit gehören dazu, sie auch wirklich zu entwickeln.

Grundsätzliches über die dressurmäßige Ausbildung des Springpferdes

Es gibt verschiedene Dressurlektionen, die dazu dienen, Wendigkeit, Kraft und Gehorsam des jungen Pferdes auszubilden und es empfindlicher für Schenkelhilfen zu machen, eine wesentliche Voraussetzung für den Erfolg im Parcours. Normalerweise beschränken sich die in einer Reithalle oder auf einem Reitplatz gerittenen Hufschlagfiguren auf Lektionen auf einem Hufschlag. Geritten wird entweder ganze Bahn oder auf dem Zirkel, auch Bogen, Wendungen auf der Vorhand, Schlangenlinien und Wechsel durch den Zirkel gehören dazu. Zum Handwechsel wird entweder durch die Länge der Bahn, die ganze Bahn (diagonal) oder aus dem Zirkel gewechselt. Diese Lektionen werden zuerst im Schritt geritten, weil sie so für Reiter und Pferd leichter auszuführen sind. Die Reitbahn sollte mindestens eine Größe von 20×40 m haben.

Sobald sich das Gleichgewicht des Pferdes verbessert hat, werden diese Hufschlagfiguren und Übungen auch im Trab geritten. Nur die Vorhandwendung wird aus dem Halten ausgeführt. Dabei ist der Kopf des Pferdes in die Bewegungsrichtung gestellt und das Pferd vom Genick bis zum Schweif um den inneren Schenkel des Reiters gebogen; diese Arbeit, verbunden mit sehr viel Handwechsel, macht das Pferd mit der Zeit durchlässiger für die Hilfen. In den Wendungen kann das Pferd an Schwung verlieren. Dem muß der Reiter rechtzeitig entgegenwirken, indem er das Pferd vermehrt vorwärtsreitet, damit der Takt nicht verlorengeht. Der Antrieb aus der Hinterhand muß immer erhalten bleiben, damit in den Wendungen die Tritte nicht kürzer werden.

Da sich beim Überspringen verschiedenartiger Hindernisse der Schwerpunkt des Pferdes ständig verschiebt, ist das Gleichgewicht für das Pferd beim Springen das Allerwichtigste. Das Pferd hat gelernt, sich ohne Reiter auszubalancieren, und nun muß es lernen, dies auch unter dem Reiter zu tun. Ausbalanciert ist es, wenn sein Gewicht und das des Reiters so verteilt sind, daß es sich mit größt-

Bild 3. Die Arbeit an der Longe fördert das natürliche Gleichgewicht des Pferdes.

möglicher Effizienz bewegen kann. Ein ungerittenes Pferd, das in mehr oder weniger naturbelassenem Zustand auf der Koppel grast, trägt zwei Drittel seines Gewichts auf der Vorhand; die Ausbildung zielt darauf ab, es dazu zu bringen, mehr Gewicht auf die Hinterhand zu verlagern und das Gewicht damit gleichmäßiger auf alle vier Beine zu verteilen. In der Bewegung verschiebt sich der Schwerpunkt des Pferdes ständig. Je nach Stellung von Hals und Kopf verlagert es sich bei schnelleren oder verstärkten Gangarten mehr nach vorn oder bei langsameren beziehungsweise versammelten Gangarten mehr nach hinten.

Im Laufe der Ausbildung muß sich aus dem normalen Gleichgewicht ein fließendes Gleichgewicht entwickeln – das heißt das Pferd muß seinen Schwerpunkt mit Leichtigkeit nach vorn oder hinten verlagern können, ohne daß der Fluß der Bewegung von Reiter oder Pferd unterbrochen wird. Aus diesem fließenden Gleichgewicht ent-

steht der taktmäßige Bewegungsablauf. Takt bei gleichzeitiger Erhaltung des nötigen Schwungs läßt sich durch Trabarbeit über Cavaletti erzielen. Ob das Ziel der Ausbildung nun ein Spring- oder ein Vielseitigkeitspferd oder einfach ein beherztes Pferd ist, das seinen Reiter zuverlässig über Jagdhindernisse trägt – auf keinen Fall darf mit der intensiven Ausbildung zu früh begonnen werden. Nur Ponys, die meist früher reif werden als Großpferde, können mit drei Jahren voll ins Training genommen werden.
Ein Großpferd kann mit drei Jahren angeritten werden. Wer selbst noch keine Erfahrung im Anreiten junger Pferde hat, sollte dies nicht ohne die Hilfe eines Fachmannes versuchen. Der Ausbildungsgang ist in meinem Buch „Pferdetraining in Wort und Bild" beschrieben. Diese erste Ausbildung gilt sowohl für ein Spring- und Vielseitigkeitspferd als auch für ein Dressurpferd. Es wird kurz longiert, an das Reitergewicht im Sattel gewöhnt, lernt einfache Lek-

Bild 4. Die Arbeit über Bodenstangen am hingegebenen Zügel bringt das Pferd dazu, Kopf und Hals nach unten zu strecken.

tionen in der Bahn auszuführen und mit einem erfahrenen Begleitpferd ins Gelände zu gehen. Danach kommt es noch einmal ein halbes Jahr auf die Weide, bis es ausgewachsen ist. Im nächsten Herbst, mit vier Jahren, wird die Arbeit wiederaufgenommen. Die weitere Ausbildung ist in „Pferdetraining in Wort und Bild“ beschrieben.

Die Arbeit an der Longe – mit Sattel und Zaumzeug – fördert das Gleichgewicht des jungen Pferdes. Es lernt, auf dem Zirkel zu gehen und flüssig von einer Gangart in die andere zu wechseln, ohne den Takt oder den Schwung zu verlieren.

Auf die Longenarbeit folgt die Arbeit unter dem Reiter, und zwar sowohl am hingegebenen als auch am anstehenden Zügel. Es ist eine gute Übung, ab und zu am hingegebenen Zügel zu reiten, damit das Pferd nicht allzu abhängig vom Zügel wird. Zu diesem Zeitpunkt kann auch die Arbeit über am Boden liegenden Stangen einsetzen, gefolgt von kleinen Sprungfolgen und Kombinationen. Dadurch gewöhnt sich das junge Pferd daran, sein Gewicht schnell zu verlagern. Außerdem wird es dadurch geschmeidiger. Das Springen kräftigt die Muskeln im Rücken, an den Lenden und der Hinterhand. Außerdem fördern In-Outs und Kombinationen die Springmanier des jungen Pferdes.

Was die physischen und psychischen Eigenschaften eines erfolgreichen Springpferdes anbetrifft, das einmal fähig sein soll, Eigeninitiative zu entwickeln und mächtige Hindernisse im Parcours oder im Gelände zu bewältigen, so halten wir nach flüssigen, freien Vorwärtsbewegungen Ausschau, wobei sich das Pferd jedoch ruhig, gehorsam und gleichzeitig aktiv bewegen soll. Es ist deshalb wichtig, daß es auch die leiseste Andeutung einer Hilfe seines Reiters versteht und sofort darauf reagiert. Die natürlichen Gänge eines Pferdes lassen sich durch systematische und regelmäßige Arbeit verbessern, so daß es sich der Aufgabe, die ihm gestellt ist, einmal mit Herz und Mut entledigen wird, ohne darüber die Ruhe zu verlieren. Nie darf man es dazu kommen lassen, daß ein Pferd sich langweilt oder sauer wird. Gearbeitet wird sowohl in der Bahn als auch im Freien. Abwechslung ist wichtig. Das Pferd muß ausreichend beschäftigt sein. Bogen und Schlangenlinien helfen, das Pferd zu biegen und geschmeidig zu machen. Zwei- bis dreimal pro Woche wird

das Pferd longiert. Häufige Tempowechsel an der Longe lösen die Rückenmuskulatur und regen die Rückentätigkeit an. Der Ausbildungsstand eines jungen Springpferdes sollte der gleiche sein wie der eines jungen Dressurpferdes, das heißt etwa dem Niveau einer A-Dressur entsprechen.
Heutzutage werden die Springparcours immer kniffliger; die Zeit und Mühe, dem Pferd die Grundlagen der Dressur beizubringen, damit es sich flüssig bewegt und Paraden willig annimmt, zahlt sich deshalb aus.

Die Hilfen

Um sich dem Pferd verständlich zu machen, bedient sich der Reiter der natürlichen und der künstlichen Hilfen. Zu den natürlichen Hilfen gehören Gewicht und Sitz, Schenkel, Hände und Stimme des Reiters, während Gerte, Sporen und Hilfszügel zu den künstlichen Hilfen gerechnet werden.

Das junge Pferd muß lernen, sofort auf die Hilfen des Reiters zu reagieren – zuerst zu ebener Erde, dann auch über kleine Hindernisse. Mit der Zeit gewinnt das Pferd soviel Vertrauen zu seinem Reiter, daß es sofort reagiert und dahin geht, wohin der Reiter es lenkt. Während der ganzen Ausbildung macht der Reiter dem Pferd mit Hilfe von Ideenverbindungen klar, was er von ihm will. Ein einfaches Beispiel ist das Kommando zum Herumtreten beim Putzen. Man drückt mit der Hand leicht gegen die Seite des Pferdes und gibt das entsprechende Kommando. Allmählich assoziiert das Pferd das Wort mit dem Druck der Hand und lernt herumzutreten. Wenn ein Pferd zeigt, daß es eine neue Hilfe verstanden hat, sollte man es mit einem Klopfen und einem freundlichen Lob belohnen.

Beim Springen erfolgt die Verständigung natürlich mittels Berührung – das heißt das Pferd reagiert auf Sitz, Schenkel und Zügel. Die treibenden Hilfen werden gegeben mit Gewicht und Sitz durch das Anspannen der Rückenmuskulatur, und mit den Schenkeln durch Anlegen der Innenseite des Unterschenkels an den Pferdeleib. Mit den Händen lenkt der Reiter das Pferd und reguliert die Energie, die er durch Schenkel- und Kreuzeinwirkung erzeugt. Zusätzlich können zeitweilig Stimme, Sporen oder Gerte als treibende Hilfen eingesetzt werden. Verhaltende Hilfen werden gegeben, indem der Reiter sich aufrechter hinsetzt, die Schenkel vermehrt anlegt und mit den Zügeln leicht gegenhält. Ein erfolgreicher Reiter muß ein Gefühl für die Bewegungen des Pferdes entwickeln und jedes Ausweichen des Pferdes vorausahnen können, so daß er ihm mit Schenkel und Zügel entgegenwirken kann. Mit der Übung lernt der Reiter, Hände und Schenkel unabhängig voneinander einzusetzen. Wenn der Reiter über dem Sprung das Gleichgewicht verliert, „hinter die Bewegung“ gerät, führt dies leicht zu Fehlerpunkten, weil das Pferd die Störung damit beantwortet, daß es stehenbleibt oder das Hindernis abwirft.

Eine gute Zügelführung, die das Pferd so wenig wie möglich stört, läßt sich nur erreichen, wenn der Reiter ständig an einem möglichst tiefen Sitz arbeitet. Sicher haben Sie schon gehört, dieser oder jener Reiter habe „eine gute Hand“. Das bedeutet, daß er es versteht, dem Pferd mit dem Zügel einfühlsam, aber wirkungsvoll die Signale zu geben, die es steuern und beherrschen, ohne daß er dabei aus dem Sitz kommt.

Die einfachen Hilfen werden diagonal angewendet. Bei einer Wendung nach rechts zum Beispiel muß der Reiter nach rechts sehen, den rechten Schenkel an den Gurt, den linken hinter dem Gurt anlegen und den rechten Zügel annehmen, so daß das Pferd nach rechts gestellt ist. Der linke Zügel gibt so weit nach, daß das Pferd die Wendung nach rechts ausführen kann, darf jedoch den Kontakt nicht aufgeben. Bei jeder Wendung oder Richtungsänderung sollte

Bild 5. Ein junges Pferd in einer Jagdpferdeprüfung in Hickstead. Der Blick der Reiterin ist auf das nächste Hindernis gerichtet.

der Reiter in die gewünschte Richtung sehen, weil er damit instinktiv das Gewicht in diese Richtung verlagert. Dadurch wird die Hilfe für das Pferd leichter verständlich.

Wenn man eine Reihe von Hindernissen springen will, sollte man immer in die Richtung des nächsten Sprunges sehen (den Blick starr nach unten oder kurz vor das Pferd auf den Boden geheftet zu halten ist keine gute Praxis). Das Pferd muß immer an den Hilfen bleiben, und der Reiter darf seinen tiefen Sitz nicht aufgeben. Er muß Größe und Art des Sprunges bereits beim Anreiten abschätzen, und dazu muß er nach vorn schauen.

Wenn der Reiter den Blick immer gut nach vorn gerichtet hält, wird das Pferd beim Landen auch immer seinen Galoppsprung ausbalancieren können, es wird sogar höchstwahrscheinlich im richtigen Galopp für die nächste Wendung landen, was sehr wichtig für möglichst ökonomische Wendungen ist, die bei Prüfungen „gegen die Uhr" viel Zeit sparen helfen.

Übergang nennt man den Wechsel von einer Gangart zu einer anderen, zum Beispiel vom Schritt zum Trab, vom Trab zum Galopp, vom Galopp zum Trab, vom Trab zum Schritt oder auch das Verlängern bzw. Verkürzen der Tritte innerhalb einer Gangart.

Übergänge sollten fließend ausgeführt werden. Das Pferd sollte bis zum Übergang und danach wieder ganz regelmäßige Tritte zeigen. Das Geheimnis eines guten Überganges besteht darin, sich selbst und das Pferd dadurch auf die Änderung vorzubereiten, daß man denkt: „Ich habe noch Zeit", und genau in dieser Zeit daran zu denken! Das verhindert, daß man das Pferd mit den Hilfen „überfällt". Der Reiter muß ruhig und gerade im Sattel sitzen, beide Schenkel vermehrt anlegen und die Zügel etwas annehmen, aber wenn er merkt, daß das Pferd die verhaltende Hilfe annimmt, muß er sofort wieder leicht mit der Hand werden und das Pferd vorwärtsreiten. In einem Übergang zum Beispiel vom Trab zum Schritt kann das Pferd an Schwung verlieren, und zwar dann, wenn der Reiter nicht schnell genug mit dem Zügel nachgegeben und das Pferd mit dem Schenkel nicht energisch genug vorwärtsgetrieben hat.

Übergänge sowohl von der schnelleren in die langsamere Gangart als auch umgekehrt sind sehr wichtig, und es ist der Mühe wert, sie so lange zu üben, bis Pferd und Reiter sie exakt ausführen können.

Wenn Reiter und Pferd sorgfältig und nach den richtigen Grundsätzen ausgebildet werden, dürfte es in kombinierten Prüfungen (Reit- und Springpferdeprüfungen), Spring- oder Vielseitigkeitsprüfungen (Dressur, Gelände und Springen) keine Schwierigkeiten geben.
Das Springpferd muß lernen, auf die leisesten Reiterhilfen sofort zu reagieren, denn es wird mit Hindernissen von beträchtlichen Ausmaßen – manche von kniffliger Konstruktion, manche mit einem Zeitlimit – konfrontiert werden, die es aus der schnellen Bewegung heraus bewältigen muß. Wenn Sie sich Vielseitigkeitsprüfungen als Ziel gesetzt haben, genügt es nicht, Ihrem Pferd das Springen beizubringen. Es wird soviel Herz und Präzision brauchen wie ein Springpferd, gleichzeitig aber auch so gut geritten sein müssen, daß es eine Dressurprüfung absolvieren kann, und außerdem wird es sehr viel mehr Kondition brauchen, um schnell zu gehen und viele verschiedene Geländehindernisse aus großem Tempo heraus springen zu können.

Weiterentwicklung der natürlichen Springveranlagung

Bei der Ausbildung eines jungen Pferdes darf man nie vergessen, daß der Körper gekräftigt, die Muskeln aber sowohl gestärkt als auch geschmeidig gemacht werden müssen.
Bei der Arbeit über Bodenstangen werden die Muskeln beansprucht, der Rücken löst sich, Kopf und Hals strecken sich in die Tiefe, und die allgemeine Geschmeidigkeit wird gefördert. Wenn dieses grundlegende Training einige Monate korrekt ausgeführt wird, kommt das dem jungen Pferd bei all seiner späteren Turnierleistung zugute.
Das Pferd muß sich flüssig und in völliger Harmonie mit seinem Reiter vorwärtsbewegen. Ein zu hart arbeitender Reiter macht den Schwung und den Rhythmus, den er doch anstrebt, wieder zunichte. Der Reiter darf weder Zeit noch Mühe scheuen, um einen unabhängigen, losgelassenen Sitz zu erreichen – so daß er jederzeit einwirken kann, ohne sich jedoch zu verspannen.
Am besten beginnt man die Arbeit am hingegebenen Zügel. Dadurch wird der Hals des in der Ausbildung befindlichen Pferdes unabhängig von allzu viel Zügeleinwirkung, und das Pferd kann selbst sein Gleichgewicht finden. Das vertrauensvolle, losgelassene Pferd wird nicht davonlaufen, sondern sich mit „rundem", schwingendem Rücken bewegen. Sobald sich das Pferd ruhig am hingegebenen Zügel bewegt, kann man den Kontakt zum Pferdemaul wiederherstellen und das Pferd von hinten nach vorn treiben, damit es „an den Zügel herantritt", das heißt von sich aus Kontakt zur Reiterhand sucht, während es auf großen Zirkeln und Bogen gearbeitet wird.
Das Verkürzen und Verlängern der Tritte übt man am besten, indem man um kleine Hindernisse herumreitet. Wenn man das Pferd über im Abstand von 1,40 m am Boden liegende Stangen traben läßt, kann man überprüfen, ob die Tritte auch regelmäßig sind. Wichtig ist, daß das Pferd bei allen Übungen gut vorwärtsgeritten wird, so daß der Schwung von der Hinterhand ausgeht.

Das Rückgrat des Pferdes kann sich nur wenig seitlich biegen; dafür ist die Vorhand sehr beweglich. Die Fähigkeit, die Hinterbeine zu beugen, den Rücken rund zu machen und die Kruppe zu senken, sich zu „setzen“, ermöglicht es dem Pferd, die Vorhand zu entlasten und die hier beschriebene Arbeit geschmeidig auszuführen. Die Arbeit auf dem Zirkel erhöht die seitliche Biegsamkeit des Rückgrates, während die Durchlässigkeit des Rückens in Längsrichtung durch das Reiten von Übergängen erreicht wird. Die Arbeit über Bodenstangen oder Cavaletti trägt dazu bei, die Aufmerksamkeit eines jungen Pferdes wachzuhalten. Beim jungen Pferd beginnt man am besten mit drei Stangen am Boden. Zuerst reitet man das Pferd in einem guten, gleichmäßigen Schritt mit möglichst leichtem Zügelkontakt an, so daß das Pferd nicht vom Zügel zurückgehalten wird, sondern sich selbst den Schritt einteilen kann. Wenn das Pferd im Schritt ohne Aufregung über die Stangen tritt, läßt man es auch – immer noch mit nur ganz leicht anstehendem Zügel – im Trab darübergehen. Man verwendet zu diesem Zeitpunkt noch am Boden

Bild 6. Bei der Trabarbeit über Bodenstangen trägt das Pferd Streifgamaschen und Gummiglocken.

liegende Stangen, weil es gefährlich ist, ein sehr junges Pferd über aufgestellte Stangen oder Cavaletti zu traben; es kann zu einer Überbeanspruchung der Gelenke führen. Für ein normal großes Pferd (etwa 1,60 m Bandmaß) sollen die Stangen einen Abstand von etwa 1,40 m haben (s. Abb. 1).
Das Ziel dieser ersten Übungen ist, das Vertrauen des Pferdes zu gewinnen. Tun Sic alles, damit das Pferd Freude am Springen und Vertrauen zu seinen Fähigkeiten bekommt, während es nebenbei seine Springmanier verbessert.

Abb. 1.

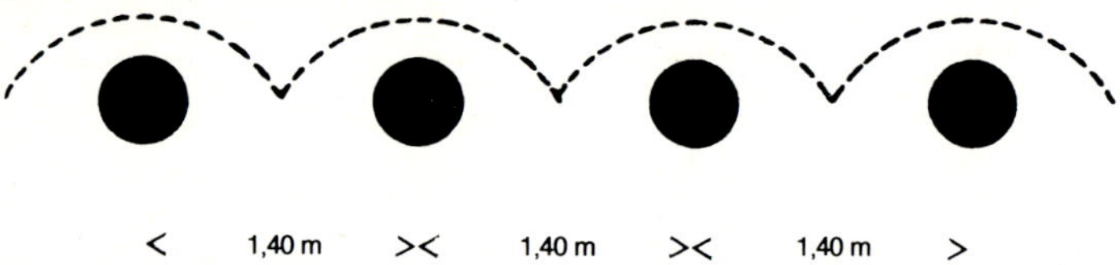

Man darf ein junges Pferd niemals überfordern, indem man es Sprünge nehmen läßt, die so früh in der Ausbildung einfach noch zu hoch sind. Stangen am Boden und kleine Hindernisse werden immer so aufgebaut, daß das Pferd sie mühelos springen kann. Legen Sie Wert auf möglichst viel Abwechslung und legen Sie eine Absprungstange so auf den Boden, daß das Pferd jedes der kleinen Hindernisse mit Leichtigkeit und Vertrauen nehmen kann, weil es weiß, wo es abspringen muß. Durch dieses elementare Gymnastikspringen entwickelt sich das bereits erwähnte Selbstvertrauen.
Eine einfache Folge besteht aus einer 50 cm hohen Absprungstange im Abstand von 5,50 m vor einem kleinen, etwa 80 cm hohen Hindernis. Man reitet im Trab an, trabt über die erste Stange, galoppiert an und springt über das Hindernis (s. Abb. 2). Aus dieser Folge lassen sich verschiedene Übungen im Trab und Galopp entwickeln.
Diese einfachen Sprungfolgen müssen so abwechslungsreich wie möglich gestaltet werden, denn wenn sich die Aufgabe zu oft wiederholt, weiß das Pferd schon im voraus, was kommt, und beginnt zu stürmen. Damit ist das Gegenteil dessen erreicht, was wir erreichen wollten, und das Pferd springt schlecht, weil es flach wird. Wenn das Pferd sich aufregt, arbeitet man einige Zeit um verschie-

Abb. 2.

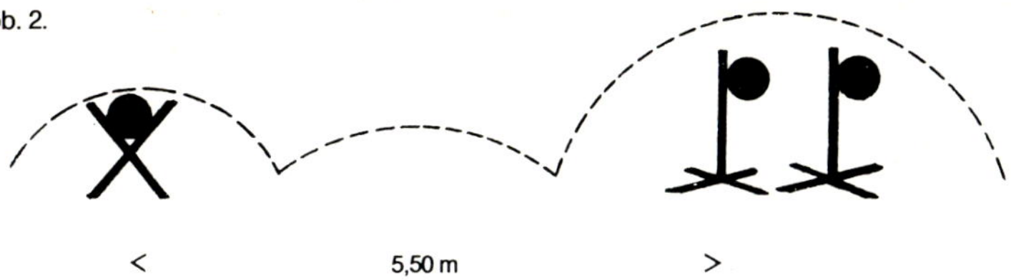

dene Sprünge herum, ohne zu springen, und beruhigt es, bevor man das Springen wieder aufnimmt. Sehr zu empfehlen ist die Arbeit in hügeligem Gelände. Sie ist ein wesentlicher Teil des Konditionstrainings, verbessert dic Atmung und stärkt die entsprechenden Muskeln und Sehnen.

Freispringen und Springübungen

Bevor man mit der Arbeit über Bodenstangen, Cavaletti oder kleine Hindernisse beginnt, muß das Pferd daran gewöhnt sein, den geeigneten Schutz an den Beinen zu tragen. Bei der Arbeit über Cavaletti trägt das Pferd an allen vier Beinen Streichkappen und an den Vorderbeinen Springglocken als Schutz gegen Ballentritte – ein Pferd kann auch dadurch das Vertrauen verlieren, daß es sich beim Springen aus Versehen selbst verletzt.

Sobald das junge Pferd genügend Vertrauen zu sich selbst zu haben scheint und die Stimme des Ausbilders beziehungsweise Reiters kennt, kann man mit dem Freispringen beginnen.

Merkwürdigerweise braucht man gerade zum Freispringen einen begrenzten Raum – eine gut eingezäunte Reitbahn oder eine Reit-

Bild 7. Springen an der Longe.

halle, die allerdings nicht zu groß sein darf – etwa 20 × 30 m. Je größer eine Bahn ist, desto schwerer ist das Pferd unter Kontrolle zu halten. Es gelten die gleichen Grundsätze wie für das Longieren, das heißt der Ausbilder bleibt immer etwa auf Schulterhöhe mit dem Pferd. Wie beim Longieren läßt man das Pferd in einem großen Kreis um sich herumgehen. Je mehr das Pferd der Stimme gehorcht, um so eher gelingt es, es auf dem äußeren Hufschlag zu halten. In diesem Stadium der Ausbildung darf das Pferd unter keinen Umständen vorwärtsgescheucht oder erschreckt werden; es muß ruhig der Aufforderung von Stimme und Peitsche Folge leisten. Wenn das Pferd Angst vor dem Ausbilder bekommt, wird es später über die Sprünge stürmen, den Rücken wegdrücken und schlecht springen.

Das Freispringen trägt dazu bei, die nötige Muskulatur zu entwickeln, und bringt das Pferd dazu, Kopf und Hals in voller Freiheit zu bewegen, während es gleichzeitig den Rücken aufwölben und die Beine anziehen lernt.

Empfehlenswert für das Freispringen ist eine Folge von zwei Hindernissen, einem Steilsprung gefolgt von einem Karree-Oxer im Abstand von 6,50 m. Beide Hindernisse sollten nicht höher als etwa 75 cm sein (s. Abb. 3).

Abb. 3.

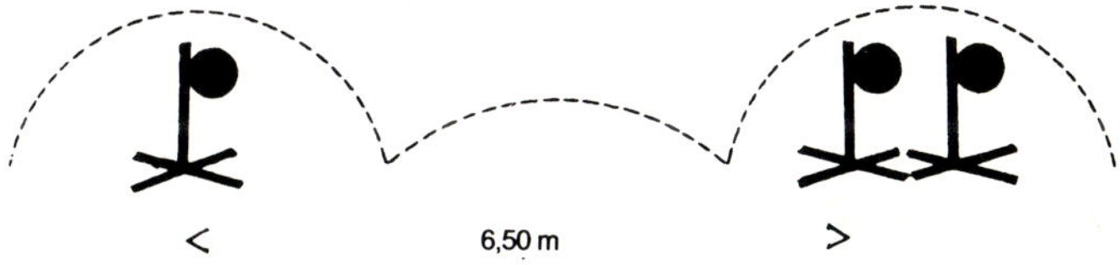

Durch Kombinationssprünge wird die Aufmerksamkeit des Pferdes wachgehalten. Durch den Steilsprung vor dem Weitsprung wird das Pferd dazu gebracht, seine Schulter zu gebrauchen und die Vorhand zu entlasten. Die bequeme Entfernung von 6,50 m bis zum Weitsprung ermöglicht es dem Pferd, sich kräftig zu strecken und den Oxer in guter Manier zu springen.

Ein Cavaletti (ganz korrekt müßte es „ein Cavaletto“ heißen, aber das ist sehr ungebräuchlich) ist ein kleines Hindernis, eine Stange mit zwei gekreuzten Balken am Ende, die es ermöglichen, die Stange in drei verschiedenen Höhen aufzustellen. Niemals sollte man

Cavaletti übereinanderstellen, um einen höheren Sprung zu bauen. An solchen Aufbauten haben sich schon viele Pferde ernsthaft verletzt. Wenn ein Pferd hängenbleibt und fällt, trennen sich die Stangen nicht so leicht voneinander wie bei einem normalen Hindernis, so daß ein gefährliches Durcheinander entstehen kann. In Verbindung mit Stangen und Ständern zu lösenden Übungen verwendet, wie sie eigentlich gedacht sind, sind sie natürlich sehr zu empfehlen.
Die Cavaletti-Arbeit entwickelt die Springmanier des Pferdes, man sollte aber erst damit beginnen, wenn das Pferd bei der Arbeit zu ebener Erde dem Reiter gehorsam ist und schon über kleine Hindernisse longiert wurde oder freigesprungen ist.
Zuerst läßt man das Pferd im Schritt über Bodenstangen gehen, die einen gleichmäßigen Abstand von 1,40 m haben. Wenn das Pferd die Aufgabe begriffen hat, kann man es auch im Trab darübergehen lassen. Sobald es geradeaus und auf dem Zirkel anstandslos im Trab über Bodenstangen geht, kann man es über Cavaletti arbeiten. Für den Anfang stellt man drei Cavaletti im Abstand von 1,40 m hinter-

Abb. 4.

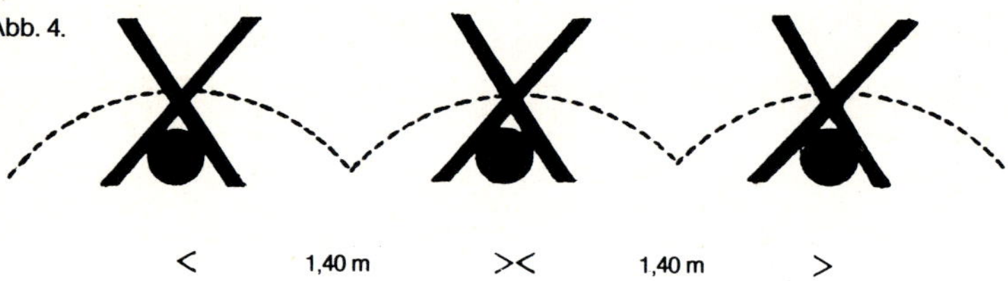

einander. Man legt im Trab einen Zirkel von ungefähr 20 m Durchmesser an, und wenn dieser gelingt, reitet man geradeaus über die Cavaletti. Das Pferd darf den Hals strecken, der Kontakt zum Pferdemaul und die Harmonie zwischen Reiter und Pferd dürfen jedoch nicht verlorengehen.
Wenn das Pferd vertrauensvoll über drei Cavaletti geht, kann man die Zahl auf vier und dann fünf erhöhen. Wichtig ist, daß der Takt über den Cavaletti erhalten bleibt. Nach der Arbeit über Bodenstangen und Cavaletti folgt ein möglichst einladend gebauter kleiner Sprung. Man stellt drei Cavaletti in der niedrigsten Höhe im Abstand von 1,40 m voneinander auf, gefolgt von einem hochgestellten

Abb. 5.

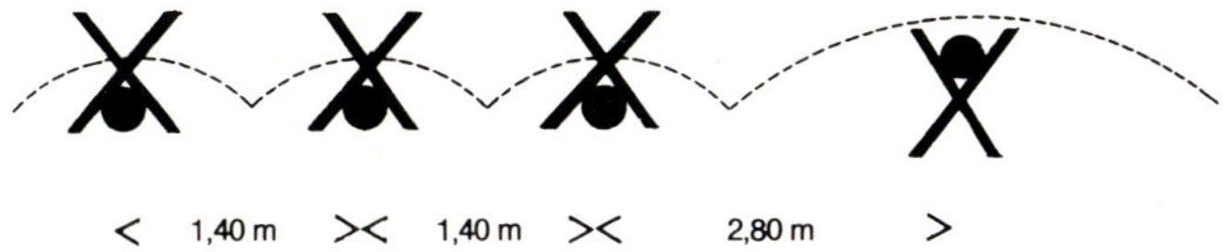

Cavaletti im Abstand von 2,80 m. Der Blick des Reiters bleibt nach vorn, über das letzte Cavaletti, gerichtet. Das Pferd soll über die drei ersten Cavaletti traben, wobei der Takt nicht verlorengehen darf, und dann das letzte springen. Diese Folge übt man mehrmals, nimmt das Pferd aber zwischendurch immer wieder auf große Zirkel, damit es nicht schon vorher weiß, daß es springen soll, und zu eilig wird.
Die Galopparbeit beginnt erst, wenn die Trabarbeit zu einem festen Bestandteil des bisherigen Trainings geworden ist. Auch die Galopparbeit beginnt mit Bodenstangen im Abstand von 6,50 m. Das Pferd sollte einen Galoppsprung über jede Stange und je einen Galoppsprung zwischen den Stangen machen. Drei Stangen genügen für den Anfang. Wenn das Pferd über die drei Stangen galoppiert, ohne eiliger zu werden, kann man den Abstand auf 3,25 m reduzieren (s. Abb. 6 u. 7).

Abb. 6.

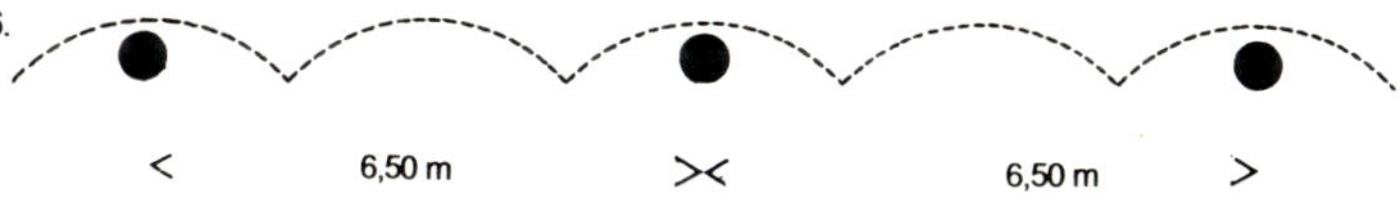

Abb. 7.

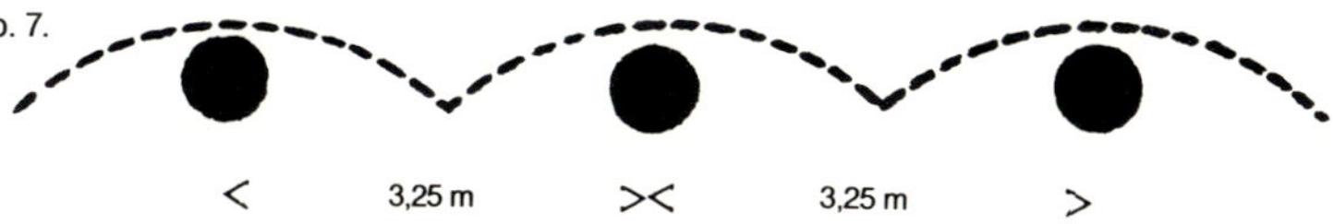

Zur Galopparbeit über Cavaletti kann man übergehen, wenn das Pferd ruhig über die Bodenstangen galoppiert, ohne eiliger zu werden oder aus dem Takt zu kommen.

Bild 8. Drei Bodenstangen gefolgt von einem kleinen Hindernis im Abstand von 3,25 m sind eine gute Übung, um ein junges Pferd ans Springen zu gewöhnen.

Nun werden drei Cavaletti im Abstand von 6,50 m aufgestellt. Man reitet in einem energischen Galopp an, ohne das Pferd von der Hand kommen zu lassen. Wichtig ist, daß im Verlauf der Sprungfolge der Schwung nicht weniger, sondern eher etwas – aber nur etwas – mehr wird.

Diese Arbeit wird so lange fortgesetzt, bis das Pferd in der Lage ist, je nach Wunsch des Reiters Cavaletti aus dem Trab oder aus dem Galopp zu springen. Später kann man die Arbeit dadurch ein wenig

Abb. 8.

Abb. 9.

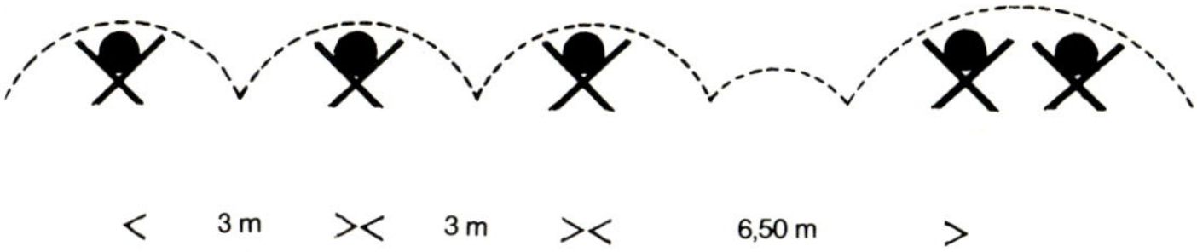

erschweren, daß man den Abstand der Cavaletti auf 3 m und 6,50 m variiert und die Folge mit einem Weitsprung abschließt (Abb. 9). Mit fortschreitender Ausbildung können Bodenstangen und Cavaletti auch auf dem Zirkel aufgebaut werden, wobei man das Pferd zuerst wieder im Trab, dann auch im Galopp darübergehen läßt.
Für alle Übungen mit Bodenstangen können jetzt Cavaletti auf ihrer niedrigsten Höhe eingesetzt werden. Außer in bestimmten Ausnahmefällen gilt immer die Regel, daß alle Sprünge in der Mitte und auf gerader Linie anzureiten sind und man auf den Sprung zu im Tempo leicht zulegt.

Zusammenfassung

Das beschriebene Ausbildungsprogramm geht davon aus, daß das Pferd jeden Tag mindestens eine Stunde gearbeitet wird, und zwar sechs Tage in der Woche mit einem Ruhetag. Ein typischer Wochenablauf sieht so aus:

1. Tag – Nach dem Ruhetag ist das Pferd wahrscheinlich recht frisch

Bild 9. Die Autorin mit einem jungen Pferd über einem kleinen Karree-Oxer aus Telegrafenstangen.

und sollte die ersten zehn oder fünfzehn Minuten im Schritt, Trab und Galopp an der Longe gearbeitet werden, wobei auf ruhiges Tempo zu achten ist. Wichtig sind der Takt in allen Gangarten und flüssige Übergänge von einer Gangart zur anderen.
Sobald das Pferd an der Longe seinen Takt gefunden hat, kann man aufsitzen. Man beginnt im Schritt und geht dann zum Trab über (häufiger Handwechsel, Bogen, Schlangenlinien, große Zirkel und viele Übergänge). Der Reiter muß sich der Bewegung des Pferdes bewußt sein – sie muß immer taktmäßig sein, und der Antrieb muß aus einer aktiven Hinterhand kommen. Nach etwa 40 Minuten nehmen Sie das Pferd zur Abwechslung noch eine halbe Stunde ins Gelände. Nichts ist schlimmer als Langeweile.

2. Tag – Die Arbeit unter dem Sattel beginnt mit großen Bogen und Zirkeln wie am ersten Tag, wobei jetzt besonderer Wert auf korrekte Biegung und Umstellen des Pferdes beim Handwechsel gelegt wird. Zum Abschluß lassen Sie das Pferd im Schritt über Bodenstangen treten, erst über eine, schließlich über drei im Abstand von 1,40 m. Verhalten Sie sich ganz ruhig. Sorgen Sie dafür, daß Sie einen leichten Kontakt zum Pferdemaul behalten, lassen Sie das Pferd aber nach unten sehen und sich sein Tempo selbst einteilen, solange es nicht zu eilig wird.

3. Tag – Beginnen Sie wieder damit, das Pferd in Bogen und auf dem Zirkel zu arbeiten. Es sollte auf Verlangen seine Tritte verlängern oder verkürzen. Das trägt zur Entwicklung eines besseren Gleichgewichts und zur Entlastung der Vorhand bei. Nun werden Übergänge geübt, vom Schritt zum Trab, vom Trab zum Galopp, vom Galopp zum Trab, vom Trab zum Schritt. Das Pferd sollte dabei möglichst geradegerichtet bleiben. Nach einer halben Stunde derartiger dressurmäßiger Arbeit läßt man das Pferd im Schritt und Trab 10 Minuten über Bodenstangen treten, und wenn es die Zeit erlaubt, reitet man noch eine halbe Stunde im Gelände spazieren.

4. Tag – Nehmen Sie das Pferd heute zuerst 15 Minuten an die Longe und gehen Sie dann zur Arbeit über Bodenstangen im Schritt und Trab über. Legen Sie die Stangen in einem Abstand von 1,40 m auf den Boden und lassen Sie nach 2,80 m ein kleines Hindernis – nicht höher als 60 cm und nicht tiefer als 75 cm – folgen. Wenn das Pferd die Übung ruhig ausführt, arbeitet man es erst am langen, dann am hingegebenen Zügel, um freie, unabhängige Bewegungen zu fördern.

Bei der Arbeit am langen Zügel hält der Reiter leichten Kontakt zum Pferdemaul, erlaubt dem Pferd jedoch, sich nach vorwärts-abwärts zu strecken. Beim hingegebenen Zügel gibt der Reiter jeden Kontakt zum Pferdemaul auf.

5. Tag – Mit Hilfe von Vorhandwendungen, Übergängen von einer Gangart zur anderen, Bogen, Zirkeln und groß angelegten Schlangenlinien wird darauf hingearbeitet, daß das Pferd die Hilfen immer besser annehmen lernt. Es folgen Geschmeidigkeitsübungen über Bodenstangen, schließlich mit dem kleinen Hindernis (wie zuvor beschrieben). Wenn das Pferd gut gegangen ist, reiten Sie noch eine halbe Stunde ins Gelände.

6. Tag – Beginnen Sie mit Longenarbeit. Bauen Sie sich in der Bahn drei verschiedene Übungen auf: Erstens Bodenstangen im Trababstand von 1,40 m in gerader Linie hintereinander, zweitens Bodenstangen gefolgt von einem kleinen Hindernis, drittens mit einem Hindernis im Abstand von 6,75 m für die Galopparbeit, das heißt mit einem Galoppsprung dazwischen. Arbeiten Sie das Pferd auf dem Zirkel mit häufigem Handwechsel. Dazwischen traben Sie ab und zu über eine der beiden Trabkombinationen, dann gehen Sie auch im Galopp über die Galoppfolge. Durch die Abwechslung wird vermieden, daß das Pferd zu sehr „vorausdenkt“. Der häufige Wechsel von dressurmäßiger Arbeit und Springen verhindert außerdem, daß das Pferd sich zu sehr aufregt.

7. Tag – Ruhetag für Pferd und Reiter – führen Sie das Pferd am Halfter spazieren oder lassen Sie es zwei Stunden auf die Koppel.

Verschiedene Sprungfolgen

Der Sinn des Pferdes für den richtigen Absprung und die Geschicklichkeit zwischen und über Sprüngen entwickeln sich am besten bei der Arbeit über Kombinationen. Kleinere Sprünge sollten ein regelmäßiger Bestandteil der Arbeit sein, wobei man die Schwierigkeiten allmählich erhöht, indem man niedrige, aber abwechslungsreiche Hindernisse verwendet. Es ist in diesem Stadium besser, die Sprünge weiter zu machen als höher. Das Pferd lernt flüssiges Springen, und die Übungen tragen bei Pferd und Reiter dazu bei, das Vertrauen zu entwickeln. Für den Reiter liegt der Vorteil darin, daß sich sein Sitz festigt und er sich sicherer im Sattel fühlt. Beim Aufbau von Kombinationen zu Übungszwecken ist zu beachten, daß Steil-

Bild 10. Drei kleine Hindernisse im Abstand von 6,50 m, das heißt mit jeweils einem Galoppsprung dazwischen.

Bild 11. Stange, Steilsprung, Stange, Hochweitsprung, jeweils im Abstand von 6,50 m, bringen das Pferd dazu, mit rundem Rücken zu springen.

sprünge ein Pferd dazu anregen, sich mehr auf die Hinterhand zu setzen – bei einem Pferd mit kurzem Galoppsprung weniger wichtig –, während es durch Weitsprünge lernt, sich mehr zu strecken und den Rücken zu wölben (Bascule). Durch sorgfältig geplante Hindernisfolgen für Trab- und Galopparbeit unter Verwendung von Steil- und Weitsprüngen wird das Pferd immer geschickter und behält eine korrekte Springmanier bei. Auf den folgenden Seiten sind Beispiele für Übungshindernisse abgebildet, die Sie bei sich zu Hause aufbauen können.

Die erste Übung (Abb. 10) soll das Pferd dazu anregen, mit „run-

Abb. 10.

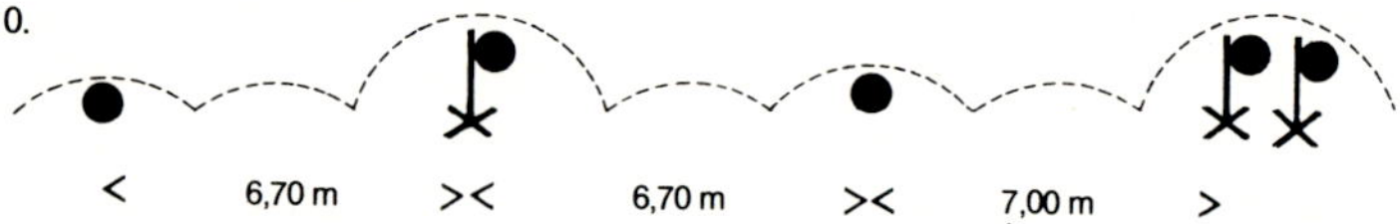

Bild 12. Bodenstangen auf dem Zirkel im Abstand von 1,40 m.

dem" Rücken seine Galoppsprünge einzuteilen und seine Schulter richtig zu gebrauchen. Auf eine Bodenstange folgt im Abstand von 6,70 m ein kleiner Steilsprung nicht höher als 75 cm. Dahinter folgt nach weiteren 6,70 m wieder eine Bodenstange und in 7 m Abstand ein Weitsprung, 75 cm hoch und 90 cm tief. Die erste Bodenstange dient nur dazu, den Galoppsprung richtig einzuteilen; der kleine Steilsprung sorgt für eine Entlastung der Vorhand und genaues Springen aus der Hinterhand. Die zweite Bodenstange reguliert wieder den Galoppsprung und sorgt dafür, daß das Pferd richtig an den Weitsprung herankommt.

Wenn das junge Pferd heftig wird, verhindern Bodenstangen auf dem Zirkel (Abb. 11, s. S. 39) ein Stürmen auf den Sprung zu. Dieses Arrangement im Trababstand empfiehlt sich sowieso in einer entfernten Ecke der Bahn, weil man dann abwechselnd um die

Sprünge herum arbeiten und dann wieder zur Verbesserung des Trabtaktes über die Stangen traben kann. Ein junges, eifriges Pferd wird beim Springtraining leicht heftig, und durch die Arbeit über die Bodenstangen kann man es immer wieder beruhigen, bevor man mit dem Springen fortfährt.
Die Entfernung von einem Stangenmittelpunkt zum anderen beträgt 1,40 m.
Vor den weiteren Übungen ist eine Vorarbeit über Bodenstangen und Cavaletti unerläßlich. Für ein junges Pferd, das noch nicht zuverlässig im Gleichgewicht ist, wird sich die in Abb. 12 beschriebene Übung mit Bodenstangen auf einer gebogenen Linie, Bodenstangen auf gerader Linie und einem aus dem Trabe zu springenden Hindernis als besonders nützlich erweisen. Die Entfernung von einem Stangenmittelpunkt zum anderen beträgt 1,40 m.
Die Bodenstangen auf gebogener Linie regen den inneren Hinterfuß zu energischem Abfußen an, gleichzeitig wirken sie der Tendenz, im Trab ins Laufen zu kommen, entgegen und fördern die Entwicklung

Bild 13. Die Sprungfolge In-Out gefolgt von einem kleinen Hindernis im Abstand von 6,50 m dient der Gymnastizierung des Pferdes.

Abb. 11.

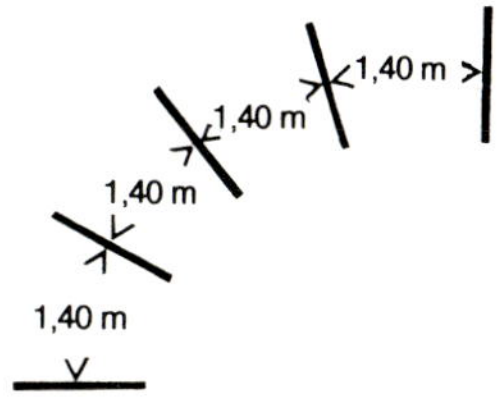

Abb. 12.

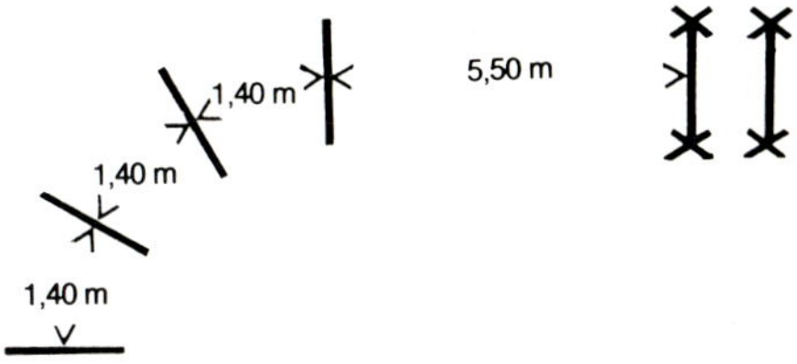

eines energischen, reinen Trabtrittes. Dadurch, daß das Pferd von der gebogenen Linie auf eine Gerade einbiegt und, immer noch über Bodenstangen, im Trab einen Weitsprung im Abstand von 5,50 m springen muß, lernt es, in guter Manier zu springen, sich bei der Landung auszubalancieren und seinen weiteren Weg im Gleichgewicht fortzusetzen.

Wenn ein junges Pferd bei neuen Sprüngen leicht heftig wird, schafft die in Abbildung 13 geschilderte Sprungfolge Abhilfe.

Die vier Sprünge werden so aufgebaut, daß sie aus jeder Richtung gesprungen werden können; geeignet sind Bürste, Karree-Oxer, Mauer, Planken, alle nicht höher als 80 cm. Auf diese Weise kann

Abb. 13.

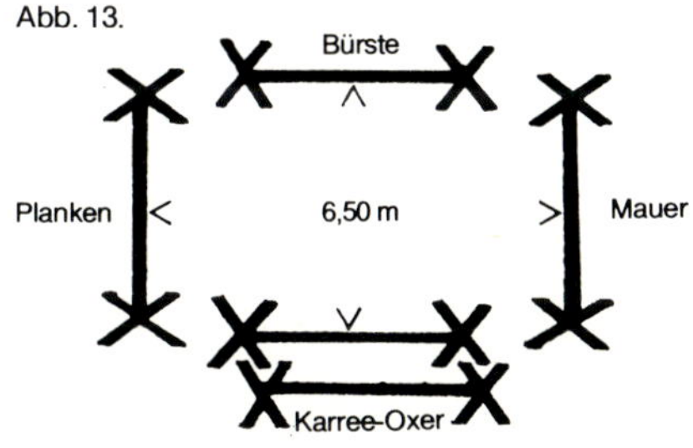

man um die Sprünge herum arbeiten und jeden Sprung einzeln oder als Kombination anreiten; man kann auch zwischen ihnen hindurchreiten, ohne zu springen, so daß das Pferd auf die Hilfen des Reiters warten muß und nicht im voraus wissen kann, was als nächstes von ihm verlangt wird.

Für eine Übung, die die Reaktion des Pferdes auf die Reiterhilfen verbessern soll, werden insgesamt 12 Ständer und 10 Stangen benötigt; sie ist daher nur dort durchführbar, wo man über genügend Hindernismaterial verfügt, etwa in einer Reitschule (Abb. 14).
Vier Bodenstangen werden in 1,25 m – 1,50 m Abstand in gerader Linie hintereinander gelegt, darauf folgt in 3 m Abstand ein Weitsprung. Dahinter wird in 6,75 m Entfernung ein zweiter Sprung aufgebaut. Ferner werden ein Steil- und ein Weitsprung aufgebaut, die von beiden Seiten gesprungen werden können. Dieser einfache Parcours ist eine ausgezeichnete Übung für das Pferd und fördert korrektes Springen aus dem Trab und aus dem Galopp. Jeder Sprung muß richtig angeritten werden, der Reiter muß auf saubere Wendungen achten und den Blick immer auf den nächsten Sprung richten.
Keine dieser Übungen sollte mehr als zwei- oder dreimal in einer Stunde geritten werden, und wenn an irgendeinem Punkt des Trainings die Gefahr besteht, daß das Pferd sich langweilt, sauer wird oder zu verweigern beginnt – oder sogar am Sprung vorbeiläuft –, müssen die Anforderungen wieder auf die Arbeit über Bodenstangen zurückgeschraubt werden, bevor das hier beschriebene Training fortgesetzt werden kann.
Abbildung 15 zeigt eine Übung, die aus dem Galopp zu springen ist. Es handelt sich um eine fortgeschrittene Übung, die erst dann unternommen werden sollte, wenn das Pferd korrekt aus dem Trab springen gelernt hat.
Mit Absicht habe ich in Abbildung 15 eine Kombination aus Steil-

Abb. 14.

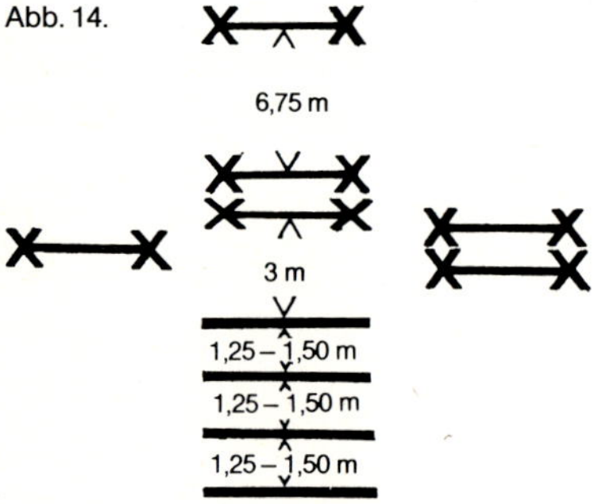

Abb. 15.

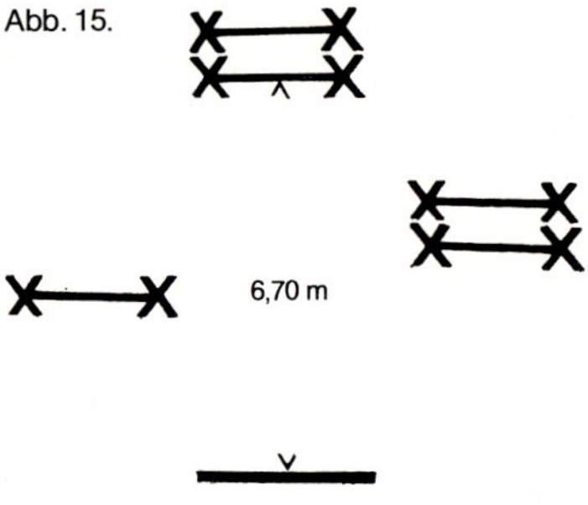

und Weitsprung in verhältnismäßig kurzem Abstand gezeigt. Dies fördert das Springen aus der Hinterhand. Die beiden weiteren, etwas einfacheren Hindernisse in der Abbildung soll das Pferd im Anschluß an die Kombination springen. Die Übung soll zeigen, ob das Pferd in der Lage ist, erst zwei Sprünge in gerader Linie zu springen und dann durch die Wendung zu galoppieren, ohne auszufallen und ohne das Tempo zu verändern.

Vier-Wochen-Trainingsprogramm für ein Springpferd in der Ausbildung

Bisher wurde die Grundausbildung und dressurmäßige Schulung des zukünftigen Springpferdes beschrieben. Wenn das Pferd diese Grundausbildung mit Erfolg absolviert hat, die Hilfen des Reiters annimmt und sich korrekt bewegt, kann mit dem intensiveren und ernsthafteren Training begonnen werden. Die folgenden Übungen bereiten das Pferd auf seinen ersten Turnierstart vor.

Erste Woche

Montag – Ruhetag; lassen Sie das Pferd an der Hand grasen oder auf die Koppel gehen.

Dienstag – Beginnen Sie die Arbeit in der Bahn mit Bogen und Zirkeln und gehen Sie dann zur Arbeit über Bodenstangen und einem kleinen Hindernis aus dem Trab über. Nehmen Sie im Galopp den leichten Sitz ein und üben Sie das Verlängern und Verkürzen des Galoppsprungs. Etwa 5 Minuten verwenden Sie für eine Übung mit dem in Abbildung 13 (S. 39) gezeigten Hindernisaufbau. Reiten Sie die Sprünge abwechselnd einzeln oder als Zweierkombination an, und reiten Sie dann wieder an den Sprüngen vorbei und zwischen ihnen hindurch, ohne zu springen, damit das Pferd nicht anfängt zu stürmen. Anschließend wird das Pferd 5 Minuten im Schritt am langen Zügel geritten, bevor es in den Stall zurückgebracht wird.

Mittwoch – Dressurmäßige Arbeit mit Bogen, Zirkeln und Übergängen, dann über Bodenstangen wie in Abbildung 12 (S. 39) zur Verbesserung des Trabtaktes. Danach verwendet man den in Abbildung 14 (S. 40) gezeigten Aufbau und läßt das Pferd einen Steilsprung, dann einen Weitsprung zuerst aus dem Trab, dann aus dem Galopp springen. Nach einer halben Stunde Arbeit in der Bahn gehen Sie mit dem Pferd eine weitere halbe Stunde ins Gelände.

Bild 14. Der Galoppsprung zwischen zwei Hindernissen.

Bild 15. Der verhältnismäßig kurze Abstand von 6,50 m zum Hochweitsprung zwingt das Pferd, aus der Hinterhand abzuspringen.

Bild 16. Ein Karree-Oxer gefolgt von einem Steilsprung im Abstand von 8 m.

Donnerstag – Longieren Sie das Pferd fünfzehn Minuten und reiten Sie es dann eine halbe bis dreiviertel Stunde in einfachen dressurmäßigen Übungen mit häufigem Handwechsel.

Freitag – Vierzig Minuten einfache dressurmäßige Arbeit mit Schwerpunkt auf Übergängen. Bauen Sie sich eine Sprungfolge auf – einen kleinen Sprung, 60 cm hoch, gefolgt von einem kleinen Hochweitsprung, 90 cm hoch und 90 cm tief, im Abstand von 5,50 m. Der erste Sprung wird im Trab angeritten. Nach der Landung macht das Pferd einen Galoppsprung und springt den zweiten Sprung. Wiederholen Sie diese Übung zwei- oder dreimal und reiten Sie dann 5 Minuten Schritt am langen Zügel, bevor Sie absitzen und das Pferd in den Stall bringen.

Samstag – Reiten Sie ins Gelände und benützen Sie nach Möglichkeit Hügel und Abhänge für kleinere Übungen. Umgestürzte Baumstämme und ähnliche Hindernisse in passender Höhe werden gesprungen, damit das Pferd auch außerhalb der Reitbahn Vertrauen bekommt.

Sonntag – Das Pferd kann zur Übung einen kleinen Parcours nicht höher als 75 cm springen. Arbeiten Sie aus dem Trab und aus dem Galopp.

Zweite Woche

Montag – Ruhetag

Dienstag – Beginnen Sie mit Cavaletti-Arbeit und kreisförmig angeordneten Bodenstangen. Reiten Sie dann vierzig Minuten ins Gelände.

Mittwoch – Dressurmäßige Arbeit mit Übergängen und häufigem Handwechsel.

Abb. 16.

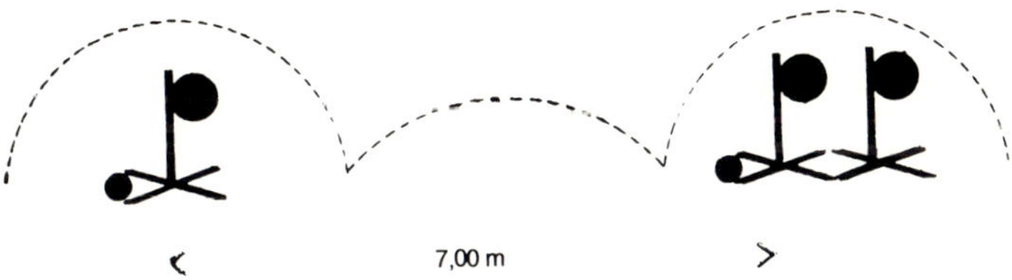

Donnerstag – Reiten Sie fünfzehn oder zwanzig Minuten ab, das heißt, bereiten Sie das Pferd auf die folgenden Springübungen vor. Dazu sollte eine zweifache Kombination mit einem Galoppsprung zwischen den Hindernissen (Abb. 16) und ein In-Out gehören (Abb. 17).

Abb. 17.

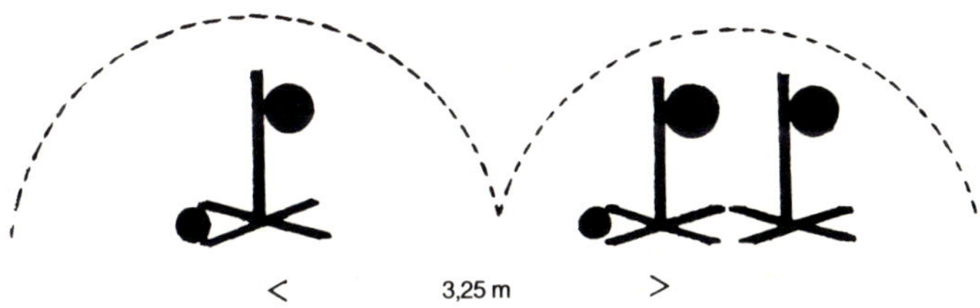

Freitag – Nur einfache Dressurübungen, ähnlich wie am Mittwoch. Ein gutes Springpferd muß sehr gehorsam sein, und diese Übungen sind dafür sehr wichtig.

Samstag – Freispringen, damit das Pferd sich den Absprung einteilen lernt. Die dazu verwendeten Steil- und Hochweitsprünge sollten nicht höher als 90 cm sein. Niedrige Hindernisse stärken das Vertrauen.

Sonntag – Reiten Sie das Pferd wenn möglich über einige Geländehindernisse. Wenn nicht, bauen Sie sich einen einfachen Parcours nicht höher als 90 cm. Reiten Sie Volten vor dem Sprung, sobald das Pferd sich aufregt und zu stürmen beginnt.

Dritte Woche

Montag – Ruhetag. Lassen Sie das Pferd am Halfter grasen oder auf die Koppel gehen.

Dienstag – Beginnen Sie mit lösenden Übungen. Nach dem Stehtag braucht das Pferd eine gewisse Lockerung, die am besten mit Trablektionen ganze Bahn und auf dem Zirkel zu erreichen ist. Gehen Sie zur Galopparbeit im leichten Sitz über. Springen Sie ein oder zwei Hindernisse aus dem Trab und dem Galopp.

Mittwoch – Verwenden Sie ein paar der in den Abbildungen beschriebenen Geschicklichkeitsübungen. Machen Sie sie etwas schwieriger, indem Sie die Sprünge etwas weiter und die Abstände zwischen den Sprüngen etwas länger (bis zu 7 cm) oder kürzer machen.

Donnerstag – Grundausbildung in Dressur, verschiedene Bahnfiguren, Tempowechsel und Übergänge.

Freitag – Galopparbeit über Kombinationen und Trablektionen. Danach eine halbe Stunde spazierenreiten.

Samstag – Lösende Übungen in Form von Lektionen der Grundausbildung – Übergänge, Wendungen, Zirkel, Verlängern und Verkürzen der Tritte beziehungsweise des Galoppsprungs. Lassen Sie das Pferd am langen Zügel über Bodenstangen und Trabhindernisse gehen, um bei nur leichter reiterlicher Einwirkung die Eigeninitiative des Pferdes zu entwickeln.

Sonntag – Üben Sie einen einfachen Parcours und besonders die Wendungen. Sobald das Pferd sich aufregt, nehmen Sie sich die Zeit, vor dem nächsten Sprung auf den Zirkel zu gehen, bis das Pferd sich wieder beruhigt hat.

Vierte Woche

Montag – Ruhetag

Dienstag – Arbeiten Sie das Pferd über Bodenstangen auf dem Zirkel und auch geradeaus. Wiederholen Sie Dressurlektionen.

Mittwoch – Reiten Sie eineinhalb Stunden ins Gelände.

Donnerstag – Longieren Sie das Pferd erst über Trabhindernisse, dann über Hochweitsprünge in Form von 80 cm hohen Karree-Oxern. Lassen Sie das Pferd eine Stunde auf der Koppel grasen.

Freitag – Gymnastiksprünge aus dem Trab und dem Galopp. Anschließend Arbeit auf dem Zirkel mit dem 80 cm hohen Karree-Oxer.

Samstag – Reiten Sie aus, wenn möglich in hügeliges Gelände. Springen Sie jeden verfügbaren Graben.

Sonntag – Vielleicht Ihr erster Turniertag. Ihr junges Pferd sollte nun eine Grundausbildung haben und vertrauensvoll an Sprünge herangehen. Es müßte in der Lage sein, an einem einfachen Springen auf einem kleineren Turnier teilzunehmen. Seien Sie nicht enttäuscht, wenn der erste Start nicht gleich einen Sieg bringt. Die fremde Umgebung kann sehr aufregend auf das Pferd wirken, so daß es Ihnen von der Hand kommt. Sehr nützlich ist es, ein junges Pferd vorher einmal auf ein Turnier mitzunehmen, ohne es zu starten, damit es sich an die neuen Eindrücke gewöhnt. Beim ersten Start sollte das Pferd nur einen Parcours gehen, auch wenn Sie Glück haben und fehlerlos bleiben. Ein Fehler wäre es auch, es beim ersten Start „auf Zeit“ zu reiten.

Jagden und Jagdpferdeprüfungen

Um den Mut und die Initiative eines zukünftigen Springpferdes zu entwickeln, gibt es wohl kaum etwas Besseres, als es auf Jagden zu reiten. An Jagden darf man jedoch erst teilnehmen, wenn das Pferd die beschriebene dressurmäßige Grundausbildung mit Erfolg absolviert hat und gut an den Hilfen steht. Sonst besteht die Gefahr, daß es im Maul verdorben wird. Die Haltung eines Jagdpferdes ist im nächsten Kapitel beschrieben (S. 51).
Die Jagdsaison beginnt im September, und als Neuling sollte man sich vor der ersten Teilnahme genau über die Vorschriften bezüglich der Kleidung und dem Verhalten im Jagdfeld informieren. Das Pferd lernt hier, auch ungewohnte Sprünge in fremder Umgebung zu nehmen, wodurch sein Selbstvertrauen gestärkt wird.
Die Tatsache, daß das Pferd dressurmäßig ausgebildet ist und auf die Hilfen des Reiters anspricht, erleichtert es dem Reiter, bei der

Bild 17. Caprilli-Prüfungen sind für Pferd und Reiter eine gute Einführung in den Turniersport.

ersten Jagd ein paar einleuchtende Vorsichtsmaßnahmen zu treffen. Behalten Sie das Pferd an den Hilfen und halten Sie sich am Rand des Feldes. Achten Sie darauf, daß das Pferd bei einer Jagd hinter Hunden, einer Meutejagd, beim Stelldichein immer mit Front zu den Hunden steht. Die vielen fremden Pferde und Menschen können das junge Pferd so nervös machen, daß es nach hinter ihm vorbeilaufenden Hunden ausschlägt, solange es ruhig stehen soll. Reiten Sie sorgfältig um angebaute Felder herum und galoppieren oder springen Sie nicht unnötig. Die ersten Male sollte eine Jagd nicht länger als zwei Stunden dauern. Steigen Sie einen halben Kilometer vor Ihrem Stall oder Ihrem Transporter ab, lockern Sie den Gurt und führen Sie das Pferd das letzte Stück. Nach dieser Anstrengung hat das Pferd einen Ruhetag verdient, es sollte aber noch zwanzig Minuten im Freien geführt werden, damit sich die Muskeln lösen können.

Im Jagdfeld wird das Pferd mit ungewohnten Sprüngen konfrontiert, worauf man es am besten dadurch vorbereitet, daß man ähnliche Hindernisse vorher in Gesellschaft von anderen Pferden springt. Wasser bereitet manchmal Schwierigkeiten. Bevor man mit einem jungen Pferd zum ersten Mal einen Graben oder Bach springt, sollte man sich vergewissern, daß die Uferränder und der Grund in Ordnung sind. Bei jedem Geländetraining, sogar beim ruhigen Spazierenreiten, sollte das junge Pferd immer von einem älteren, erfahreneren Pferd begleitet werden, das mit gutem Beispiel vorangeht, wenn es zu springen oder Wasser zu durch- oder überqueren gilt.

Auch Jagdpferdeprüfungen eignen sich gut dafür, ein junges Pferd an Geländehindernisse zu gewöhnen, denn dabei sind meist Naturhindernisse zu springen, und der Verlauf ähnelt der Q-Strecke eines One Day Event. Auch wenn Sie an Jagdpferdeprüfungen teilnehmen wollen, empfiehlt es sich, bezüglich der Nennung, der richtigen Kleidung und der für das Pferd erforderlichen beziehungsweise erlaubten Ausrüstung den Rat eines Fachmannes einzuholen. Vergewissern Sie sich, daß der Sattelgurt in Ordnung ist und alles Sattel- und Zaumzeug gut paßt. Ein Gurt über dem Sattel verleiht beim Springen zusätzliche Sicherheit. Ich hoffe, Ihr Pferd ist nun so gut ausgebildet, daß Sie im Gelände nur eine Trense brauchen, vielleicht mit einem Ringmartingal, wenn das Pferd leicht heftig wird. Bevor Sie an einer Jagdpferdeprüfung teilnehmen, sollten Sie die Strecke wenigstens zweimal, besser noch dreimal, zu Fuß abgehen. Achten Sie darauf, daß sich die roten Fähnchen immer zu Ihrer Rechten, die weißen zu Ihrer Linken befinden. Andere Markierungen wie zum Beispiel gelbe Pfeile zeigen nur die Richtung an. Wenn Sie am Start und Ziel nicht zwischen den Markierungen hindurchreiten, müssen Sie ausscheiden, selbst wenn Sie einen fehlerlosen Ritt absolviert haben.

Wenn Sie die Strecke das erste Mal abgehen, prägen Sie sich allgemeine Anhaltspunkte ein und gehen Sie so, wie Sie später reiten wollen. Beim zweiten Abgehen überlegen Sie sich bei jedem Hindernis, wie Sie es anreiten sollen, wo das Pferd abspringen muß und wie Sie weiterreiten. Bei der dritten Runde achten Sie sorgfältig auf jeden Sprung oder Weg, der irgendwie problematisch werden könnte.

Während der Prüfung können Sie dem Pferd die Anstrengung dadurch erleichtern, daß Sie immer im leichten Sitz bleiben und sich mit den Knien abstützen. Galoppieren Sie bergauf nicht zu schnell, gehen Sie sparsam mit den Kraftreserven Ihres Pferdes um. Bergab und in flachem Gelände darf das Pferd weiter ausgreifen; hier muß es sich weniger anstrengen. Wenn Sie nach dem Ziel absteigen, lokkern Sie den Gurt, legen Sie dem Pferd eine Schweißdecke über und führen Sie es, bis es trocken und ruhig ist. Untersuchen Sie es vor dem Rücktransport gründlich. Es könnte sich im Gelände Verletzungen und Abschürfungen zugezogen haben.

Für einen Neuling ist es ein Fehler, in solch einer Prüfung das Tempo zu forcieren. Er läuft Gefahr, daß das Pferd verweigert oder vorbeiläuft, weil es vor lauter Geschwindigkeit keine Zeit zum Hinsehen mehr hat. Das Galopptempo ist bei der Geländestrecke äußerst wichtig, und ein flüssiger Ritt ohne unnötige Hast vertieft das Vertrauen von Reiter und Pferd.

Jagdpferdeprüfungen werden besonders im Frühjahr und Herbst ausgeschrieben. Sehr oft entscheidet die Zeit, so daß derjenige Teilnehmer gewinnt, der die Strecke ohne Fehler in der schnellsten Zeit absolviert. Ein junges Pferd darf man jedoch nicht übereilen, man muß diese Art Prüfungen deshalb als Übungen nehmen, als Intensivtraining für Reiter und Pferd.

Die Haltung des Jagdpferdes

Lassen Sie das Pferd vor einer Jagd nicht stehen – es ist sonst zu übermütig, wenn es seine erste Jagdsaison ist. Arbeiten Sie es am Vortag mindestens eine Stunde wie gewohnt, und zwar eine halbe Stunde dressurmäßig mit Übergängen und Handwechsel und eine halbe Stunde Spazierenreiten im Gelände. Sehen Sie nach, ob Hufe und Hufeisen in Ordnung sind. Putzen Sie das Pferd gründlich. Nur ein trainiertes und gesundes Pferd kann an einer Jagd teilnehmen; es dürfen keine Anzeichen für eine Erkältung oder gar einen Husten vorhanden sein. Nach den ersten Jagden wird das Pferd spüren, wenn wieder eine Jagd bevorsteht, und sich in steigendem Maße aufregen, weshalb es immer oder nur nach der Jagd spät gefüttert wird. Wenn es nichts von der bevorstehenden Jagd gemerkt hat und ruhig ist, kann es am Vortag eine späte Mahlzeit erhalten.
Am Tag vor der Jagd wird die gesamte Ausrüstung geputzt und auf ihre Sicherheit hin überprüft, besonders sämtliche Nähte. Wenn Sie das Pferd verladen müssen, legen Sie Bandagen, Decke, Schweifschoner, Knieschützer und Gummiglocken bereit und sorgen Sie für genügend Heu für die Heimfahrt.

Am Tag der Jagd

- Füttern Sie das Pferd zwei bis drei Stunden vor der Abfahrt beziehungsweise dem Abritt, je nach Entfernung.
- Geben Sie dem Pferd vorher nur sehr wenig Heu – etwa 1 Kilo. Wenn die Jagd zum Beispiel um 10.45 Uhr beginnt, sollte die Heumahlzeit um 8.00 Uhr beendet sein. Das Heu wird eine halbe Stunde vor dem Kraftfutter gefüttert.
- Versuchen Sie, nicht vom gewohnten Tagesplan abzuweichen. Ein Pferd mit einiger Jagderfahrung spürt sonst, was bevorsteht, und verweigert womöglich vor Aufregung das Futter.
- Putzen Sie das Pferd und flechten Sie dann die Mähne ein.

Bild 18. Jagdpferdeprüfungen sind eine gute Vorübung für die Geländephase von Vielseitigkeitsprüfungen. Das Bild zeigt die Autorin auf einem jungen Pferd über einer Steinmauer beim Turnier in Maidstone.

- Fertig gesattelt wird mindestens eine Viertelstunde, bevor Sie den Stall verlassen müssen. Nehmen Sie sich Zeit, alles sorgfältig zu überprüfen.

- Wenn Sie das Pferd verladen, legen Sie eine Decke über den Sattel und streifen Sie das Halfter über das Kopfzeug. Lassen Sie den Sattelgurt locker. Der Sattel hält den Rücken warm, so daß es dem Pferd weniger ausmacht, gleich nach dem Ausladen geritten zu werden.
- Am besten lädt man einen halben Kilometer vor dem Treffpunkt zur Jagd aus und reitet das letzte Stück hinüber, während der Transporter einen Parkplatz sucht. Bei vielen Jagden ist das Parken unmittelbar am Treffpunkt sowieso verboten, damit es nicht zu Verstopfungen kommt.

In der Abwesenheit des Pferdes, nötigenfalls – wenn Sie ganz allein sind – bevor Sie wegreiten oder -fahren, wird die Box schon für die Rückkehr vorbereitet.

- Es wird dick eingestreut.
- Füllen Sie 1,5 bis 2 Kilo Heu gut aufgeschüttelt und gegen den Staub mit reichlich Wasser besprüht in ein Heunetz und hängen Sie es vor dem Stall auf.
- Stellen Sie einen leeren Wassereimer auf eine Seite.
- Legen Sie die Decke säuberlich gefaltet in eine Ecke.

Wenn das Pferd zurückkommt

- Trensen Sie das Pferd ab, lassen Sie den Sattel aber noch auf seinem Platz. Nur wenn das Pferd schon über eine halbe Stunde im Hänger oder Transporter gestanden hat, kann abgesattelt und der Rücken massiert werden. Wenn Sie nach Hause reiten, lassen Sie das Pferd zwanzig bis dreißig Minuten angebunden und gesattelt stehen und legen Sie nur Decken über den Sattel. Nachdem das Pferd stundenlang einen Reiter getragen hat, muß sich der Kreislauf erst wieder normalisieren.
- Das Pferd kann etwa einen halben Eimer lauwarmes Wasser erhalten. Kaltes Wasser könnte einen Schock verursachen. Lassen Sie das Pferd am Heunetz knabbern und versuchen Sie, es durch leises Pfeifen zum Stallen (Urinieren) zu bringen.
- Satteln Sie ab und decken Sie das Pferd ein. Bringen Sie alles in die Sattelkammer.
- Wenn das Pferd trocken ist, werden Schmutz und getrockneter

Schweiß mit einer harten Bürste abgebürstet. Die Beine werden mit Stroh – nicht mit der Bürste – abgerieben. Ist das Pferd noch naß, untersucht man es auf Verletzungen und bandagiert die Beine ziemlich lose über einer leichten Strohschicht.

- Waschen Sie Augen, Nase und After mit einem in warmes Wasser getauchten Schwamm aus. Kratzen Sie die Hufe aus und entfernen Sie Schlamm und Schmutz, wobei Sie gleichzeitig die Eisen überprüfen können.
- Ist das Pferd naß vom Regen, wird es kräftig mit einem Heuwisch, einem Wildleder- oder Putztuch abgerubbelt oder mit dem Schweißmesser abgezogen. Am wichtigsten ist, Ohren und Nierengegend trocken zu bekommen. Damit sich das Pferd nicht erkältet, wird die Nierengegend eingedeckt, solange Sie eine andere Stelle abreiben. Wenn das Pferd so trocken wie möglich ist, legen Sie ihm Stroh auf den Rücken und die Decke darüber, die Sie mit dem Deckengurt festbinden. Das Stroh saugt Feuchtigkeit auf und sorgt für bessere Luftzirkulation unter der Decke, so daß das Pferd schneller trocken wird. Nehmen Sie die Decke nach zwanzig Minuten ab und legen Sie nötigenfalls eine andere auf. Wenn Sie keine zweite Decke besitzen, drehen Sie die Decke um und legen Sie sie mit Stroh unterpolstert wieder auf.

Nach einer halben Stunde kann das Pferd einen Eimer frisches Wasser und ein Kleie- oder Leinsamenmash erhalten. Das Mash wird angesetzt, sobald Sie nach Hause kommen. Für ein Kleiemash wird ein kleiner halber Eimer voll Kleie mit kochendem Wasser übergossen und umgerührt, bis die ganze Kleie angefeuchtet ist. Man deckt mit einem Tuch ab und läßt das Mash auf Freßtemperatur abkühlen. Leinsamen muß vorher gekocht werden, weil er sonst giftig sein kann. Wenn das Pferd innerhalb einer Stunde noch einmal nachschwitzt, schwitzt es wahrscheinlich an den Stellen, an denen es vorher nicht geschwitzt hat. Ohren, Kehlgang und Nieren werden mit Heu und dann mit der Handkante mit dem Strich trockengerieben. Fangen Sie an einer trockenen Stelle an und arbeiten Sie sich allmählich vor. Wenn das Wetter es erlaubt, führen Sie das Pferd spazieren. Lassen Sie es mit seinem Heunetz allein, während Sie das Sattelzeug und den Transporter säubern. Danach wechseln Sie die Decke, nehmen Sie die Bandagen ab, füttern und tränken Sie und lassen Sie das Pferd allein. Sehen Sie später am Abend noch einmal nach, ob alles in Ordnung ist.

Der Tag nach der Jagd

Traben Sie das Pferd am nächsten Morgen als erstes an der Hand vor und achten Sie auf Zeichen von Lahmheit. Eine gewisse Steifheit in den Gelenken ist nach einer Jagd sehr gut möglich. Untersuchen Sie es noch einmal auf Verletzungen. Wenn das Pferd sich „gegriffen", das heißt mit den Hinterbeinen an den Sehnen oder am Kronenrand der Vorderbeine verletzt hat, müssen die Stellen verarztet werden, falls dies nicht schon gleich nach der Rückkehr geschehen ist.

Achten Sie auf das Futter. Es kann sein, daß die Erregung der Jagd noch derartig nachwirkt, daß das Pferd nicht frißt. Tasten Sie die Beine ab, ob sie irgendwo heiß oder geschwollen sind. Wenn Sie etwas entdecken, fragen Sie jemanden mit mehr Erfahrung um Rat. Wenn das Pferd lahmgeht oder ein Bein sehr heiß oder dick ist, rufen Sie den Tierarzt. Am Tag nach der Jagd wird das Pferd nicht gearbeitet. Führen Sie es zwanzig Minuten, damit sich Muskeln und Gelenke wieder lockern können. Bei mildem Wetter kann das Pferd mit einer Neuseeland-Decke, das heißt einer wollgefütterten, wasserdichten Decke mit Bein- und Bauchgurten, auf die Koppel gehen. Lassen Sie es etwa eineinhalb Stunden grasen. Natürlich kann ein Pferd immer, nicht nur nach der Jagd, auf die Koppel gehen.

Auch wenn Sie kein passionierter Jagdreiter sind, ist eine nicht allzu anstrengende Jagdsaison für ein vier- bis fünfjähriges Pferd eine nützliche Sache. Reiten Sie alle vierzehn Tage eine Jagd, die jeweils nicht länger als zwei bis drei Stunden dauern sollte, wenn Sie wollen, daß das Pferd wie schon erwähnt Vertrauen und Mut entwikkelt, bevor das intensive Training für die zukünftige Springlaufbahn beginnt. Wenn das Pferd sich als wirklich talentiertes Springpferd erweist, werden Sie keine Zeit mehr für Jagden haben, weil sich die Hallenturnier- und die Jagdsaison überschneiden. Beides wäre zuviel für das Pferd.

Ein einfacher Parcours

Wenn Sie über den nötigen Platz und die nötige Ausrüstung verfügen, empfiehlt es sich, das Pferd vor einem Turnierstart über einen kleinen, turniermäßigen Parcours gehen zu lassen. Versuchen Sie, solide Hindernisse so einladend wie möglich aufzubauen. Abbildung 18 gibt ein Beispiel dafür. Zu beachten sind folgende Punkte:

- Der Parcours sollte flüssig zu reiten sein und keine scharfen Wendungen enthalten.
- Den Abschluß eines Hochweitsprunges sollte immer eine einzelne Stange bilden.
- Achten Sie darauf, daß keine unbenützten Auflagen oder Splitter aus den Ständern und Fängen herausragen.
- Es gibt zwei Hindernistypen, den Steilsprung und den Hochweitsprung, der wiederum verschiedene Formen haben kann: vorderes und hinteres Element gleich hoch (Karree-Oxer), ansteigend (Triplebarre), in der Mitte am höchsten (Dachsprung). Versuchen Sie, möglichst viele Formen in Ihrem Parcours zu verwenden.
- Der erste Sprung sollte immer ein einfacher Hochweitsprung sein.
- Bergab wird der Galoppsprung meist länger, bergauf kürzer.
- Tiefer Boden zwingt ebenso wie beengter Platz das Pferd zu kürzeren Galoppsprüngen.

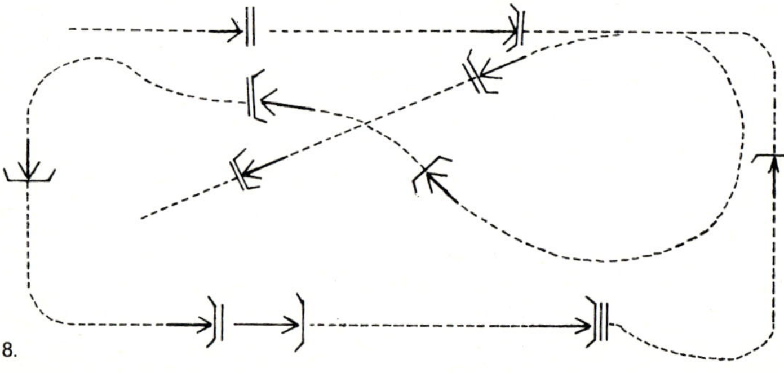

Abb. 18.

Das Reiten im Parcours

Erfolg im Parcours setzt voraus, daß man den Parcours vor dem Start zu Fuß abgegangen ist und ihn sorgfältig studiert hat. Nur dann kann man ihn als Teilnehmer als Ganzes sehen und flüssig ein Hindernis nach dem anderen nehmen.

Jeder Sprung zerfällt in fünf Phasen: Anreiten, Absprung, Schwebephase, Landung, erster Galoppsprung. Der Reiter muß an vier Dinge denken: a) das Pferd zu lenken, b) Tempo und Schwung zu regulieren, c) die Wendungen korrekt zu reiten, d) zu verhindern, daß das Pferd verweigert.

Das Pferd wird im versammelten Galopp angeritten, und zwar so, daß es Höhe und Tiefe des Sprungs abschätzen kann, während der Reiter für das richtige Tempo sorgt. Während des Anreitens, kurz

Bild 19. Ein Karree-Oxer, der von beiden Seiten gesprungen werden kann.

vor dem Absprung, liegen die Schenkel des Reiters ruhig am Pferdeleib, können aber auf das leiseste Anzeichen eines möglichen Verweigerns hin sofort energisch treibend eingesetzt werden. Der Kontakt zum Pferdemaul ist leicht, aber beständig – so elastisch, daß die Hand mitgehen kann, wenn das Pferd abspringt. Während der Schwebephase ist der Blick des Reiters nach vorn in die Richtung gerichtet, in der weitergeritten wird. Das Gesäß ist leicht aus dem Sattel gehoben, die Unterschenkel liegen ruhig am Pferdeleib, und der Reiter schätzt schon die Entfernung zum nächsten Hindernis ab. Auch während der Landung bleibt der Blick des Reiters auf den nächsten Sprung gerichtet. Nach einer Wendung verliert das Pferd naturgemäß an Schwung. Viele Fehler haben ihre Ursache in schlecht ausgeführten Wendungen. Wenn der Schwung nach einer Ecke oder Wendung verlorengeht, wird der Galopp flach, das Pferd drückt den Rücken weg und springt mit der Hinterhand nicht mehr unter, so daß es auf den Sprung zu nicht mehr genügend Schwung entwickeln kann, zu flach oder zu kurz springt und sich Fehler zuzieht.

Steilsprünge können eine Schwierigkeit für das Pferd sein, dem Reiter dürfen sie keine Probleme bereiten. Vor einem Steilsprung muß der Reiter den letzten Galoppsprung vor dem Absprung einzuteilen versuchen, weil das Pferd ihn nur dann gut springen kann, wenn es genau an der richtigen Stelle abspringt. Sonst kommt es wahrscheinlich zu dicht an das Hindernis heran und kann die Vorhand nicht mehr rechtzeitig heben, um fehlerlos hinüberzukommen.

Beim Abgehen des Parcours vor der Prüfung messen Sie den Abstand zwischen den Sprüngen einer Kombination mit Schritten aus. Denken Sie daran, daß der Abstand je nach Art des Hindernisses verschieden ist, zum Beispiel zwischen zwei Hochweitsprüngen, von einem Hochweit- zu einem Steilsprung, einem Steil- zu einem Hochweitsprung oder zwischen zwei Steilsprüngen. Schwierig sind Kombinationen mit zwei Steilsprüngen. Wenn zum Beispiel der Abstand zwischen einem Gatter und einer einzelnen Stange 7,25 m beträgt, bleibt dem Pferd bei richtiger Einteilung ein Galoppsprung zwischen den beiden Hindernissen, bevor es erneut abspringen muß. Problematisch wird es, wenn ein Pferd vor dem ersten Sprung aus dem unverkürzten Galopp weit abspringt und viel zu weit inner-

Bild 20. Durch schräges Anreiten lernt das Pferd, den Absprung zu finden. Dieser Oxer läßt sich von beiden Seiten springen.

halb der Kombination landet. Für einen normalen Galoppsprung bis zum nächsten Sprung bleibt dann zu wenig Platz, das Pferd kommt zu dicht heran und muß eine gewaltsame und oft erfolglose Anstrengung machen, um einen Fehler zu vermeiden. An solch einen Sprung muß der Reiter das Pferd in einem verkürzten, gesetzten Galopp heranbringen. Der Absprung muß möglichst dicht am Hindernis erfolgen, damit das Pferd das zweite Hindernis bequem springen kann.

Lassen Sie sich Zeit, wenn Sie ein Pferd das erste Mal in einer Prüfung reiten. Springen Sie die Sprünge, bei denen Sie es für besser halten, ruhig aus dem Trab und legen Sie die Wendungen nicht zu eng an, damit das Pferd nicht aus dem Gleichgewicht kommt. Auch wenn der erste Parcours ein Erfolg ist und das Pferd ohne Fehler bleibt, dürfen Sie der Versuchung, es in einem Stechen „auf Zeit" zu reiten, nicht nachgeben. Nur zu leicht kann ein Pferd dadurch das Vertrauen verlieren.

Konditionstraining

Es ist wichtig, daß das Pferd körperlich fit und geistig beweglich ist. Füttern, Ausmisten, Einstreuen und Putzen sollten nach einem genauen Zeitplan erfolgen. Unter der „Arbeit" eines Pferdes versteht man alle Übungen und Betätigungen, die von einem Pferd in der Vorbereitung auf ein sportliches Spezialgebiet verlangt werden. Das junge Pferd wird außer am Ruhetag jeden Tag eine bis anderthalb Stunden gearbeitet. So bleibt es gesund und fit und ist auf jeden Wettbewerb, an dem Sie teilnehmen wollen, ausreichend vorbereitet.

Das beste Training für ein junges Pferd, das bereits an Springwettbewerben teilnimmt, ist der Schritt. Dabei werden alle Muskeln beansprucht und entwickelt, ohne daß das Pferd ermüdet. Richtig ausgeführt, stärkt Trabarbeit die großen Muskeln am Rumpf und an den Gliedmaßen des Pferdes, während ruhige Galopparbeit die Atmung verbessert. Das ideale Konditionstraining besteht aus anderthalb Stunden Arbeit im Schritt und ruhigen Trab mit gelegentlichen Galoppreprisen. Dabei werden alle Muskeln bestens durchgearbeitet, ohne daß das Pferd überanstrengt wird.

Besondere Vorsicht ist am Platz, wenn ein Pferd mit drei Jahren noch einmal auf die Weide geschickt wurde und nun, mit vier Jahren, gearbeitet werden soll, jedoch überhaupt keine Kondition besitzt. Dasselbe gilt für ein neuerworbenes Pferd, das vielleicht von der Koppel kommt und nicht ständig geritten wurde. Solche Pferde haben eine sogenannte „Weidekondition", und es kann je nach ihrer Verfassung zu Beginn des Trainings acht bis zehn Wochen dauern, bis sie in Höchstform sind. Als Weidekondition bezeichnet man es, wenn ein Pferd viel Fleisch, jedoch wenig Muskeln besitzt und schon bei leichter Anstrengung zu schwitzen und schwer zu atmen beginnt. In diesem Fall muß die Arbeit langsam gesteigert werden. Hafer sollte nicht zuviel gefüttert werden – wichtiger ist gut angefeuchtetes Heu. Zum Anfeuchten wird ein Eimer Wasser über das

Heunetz gekippt und das Heunetz dann eine halbe Stunde im Freien aufgehängt, damit das Wasser abtropfen kann.
In der ersten Woche genügt eine halbe Stunde Schritt am Tag, dann kann auch getrabt werden. Das Heu wird auf 7 bis 8 kg reduziert, gleichzeitig jedoch der Anteil an Kraftfutter (Hafer und Preßfutter, die sogenannten Pellets) auf bis zu 3,5 kg oder 4 kg erhöht.
Im Verlauf dieses Konditionstrainings sollten Sie das Pferd jeden Tag sorgfältig untersuchen. Ist irgend etwas ungewöhnlich, hat es eine Verletzung, verliert es an Kondition? Ein gesundes Pferd steht aufmerksam, mit hocherhobenem Kopf und spielenden Ohren da. Die Haut muß weich, das Fell glänzend sein. Es darf nicht rauh oder struppig aussehen. Will man die Temperatur messen, wird das Thermometer heruntergeschüttelt, mit Vaseline eingecremt und in den After eingeführt, wobei man das Ende gut festhält. Nach zwei Minuten kann man es herausziehen und ablesen. Normal sind 37,5 bis 38° C.
Trinkwasser muß immer zur Verfügung stehen. Konditionsverlust kann auch die Folge von zu wenig frischem Wasser sein. Wenn Sie zum ersten Mal ein junges Pferd ausbilden, werden Sie nicht allzu

Bild 21. Putzen und Hufpflege sind wichtige Bestandteile des Fitness-Programms.

viel über die medizinische Betreuung wissen. Es werden zwar noch verschiedene mögliche Erkrankungen beschrieben, aber das klügste ist immer noch, sich an den Tierarzt zu wenden, sobald Ihnen irgendwelche Zweifel kommen.
Füttern Sie Ihrem Pferd nur beste Qualität. Die Zähne müssen regelmäßig nachgesehen und gegebenenfalls abgeraspelt werden. Sie nutzen sich manchmal ungleich ab, so daß scharfe Zacken entstehen. Auch Wurmkuren müssen regelmäßig durchgeführt werden. Ein rasches Sinken der Kondition kann darauf hindeuten, daß das Pferd sich eine ansteckende, grippeähnliche Erkrankung, die sogenannte Druse, zugezogen hat. Fragen Sie im Zweifelsfalle den Richtigen – den Tierarzt.
Die Bedeutung eines allmählich gesteigerten Trainings kann nicht genug betont werden. Wenn Sie versuchen, Ihr Pferd nach einer langen Ruhepause zu schnell zu hart zu arbeiten, wird es bald an Kondition verlieren. Genügend Arbeit und eine sorgsam ausgewogene Fütterung bringen ein Pferd in Kondition. Dann verwandelt sich Fett in Muskeln, Muskeln und Sehnen werden gekräftigt, und die Kapazität von Herz und Lungen wird gesteigert.

Vorbereitung auf einen Wettbewerb

Wenn Sie mit Ihrem Konditionsprogramm und Ihrer Ausbildung Erfolg hatten, müßte das Pferd nach etwa fünf Monaten an einer Springprüfung teilnehmen können. Jetzt ist es an der Zeit, an die Ausrüstung zu denken, die Sie und das Pferd dazu brauchen werden. Außerdem müssen Sie sich darüber informieren, was für Eintragungen, Nennungen und Gebühren erforderlich sind, damit Sie überhaupt teilnahmeberechtigt sind (siehe Kapitel „Wettbewerbsbedingungen“, S. 98).
Der Reiter benötigt eine helle Reithose, weißes Hemd, dunkle Jacke (schwarz, blau oder grün) mit dazu passender Sturzkappe, weiße Krawatte oder Plastron, Stiefel, Gerte, Handschuhe und eventuell Sporen.
Sehen Sie die Ausrüstung Ihres Pferdes einige Tage vor dem Turnier nach, damit alles sauber und in Ordnung ist. Achten Sie besonders auf alle Nahtstellen, damit Sie während der Prüfung nicht unliebsame Überraschungen erleben.
Das Pferd braucht Halfter, Halfterstrick, Putzzeug, Sommerdecke, Fliegendecke, Gurt, Genickschutz, Schweifschoner, Gummiglocken, Schweifbandage, Knieschützer und außerdem Stallbandagen, die auf der Fahrt die Beine vor Verletzungen schützen. Mitgenommen werden außerdem ein Heunetz mit etwa 3,5 kg Heu, die übliche Morgenmahlzeit und ein Tränkeimer. Ein verschlossener Behälter mit Wasser kann sich als sehr nützlich erweisen, weil nicht auf jedem Platz sofort Wasser verfügbar ist – und selbst wenn Wasser vorhanden ist, muß man es irgendwie zum Hänger beziehungsweise zum Transporter befördern. Außerdem brauchen Sie Sattel- und Zaumzeug, einen Ersatz-Sattelgurt und ein Paar Ersatz-Zügel, ein Paar Ersatz-Steigbügelriemen und Stollen. Legen Sie sich außerdem eine komplette Erste-Hilfe-Ausrüstung für sich und das Pferd zurecht (Einzelheiten dazu s. S. 96 f.).
Achten Sie während dieser Vor-Inspektion besonders auf die Hufei-

Bild 22. Stollen erlauben es dem Springpferd, bei jedem Boden vertrauensvoll abzuspringen.

sen. Bei Springprüfungen ist es oft nützlich, Stollen in die Eisen schrauben zu können. Vergewissern Sie sich also, daß Ihr Pferd einige Zeit vor dem Turnier mit den entsprechenden, mit Schraublöchern versehenen Eisen beschlagen wird. Reinigen Sie diese Schraublöcher nun und stopfen Sie sie mit ölgetränkter Watte aus. Sie haben dann weniger Mühe, die Stollen einzuschrauben, wenn Sie sie brauchen.

Planen Sie so, daß Sie am Turniertag viel Zeit haben und weder Ihr Pferd in Eile verladen noch sich auf der Fahrt beeilen müssen. Denken Sie daran, daß Sie sich vor Beginn Ihrer Prüfung auf dem Turnierplatz noch auf der Meldestelle eintragen lassen und Ihre Startnummer abholen müssen. Vergewissern Sie sich, wann Meldeschluß für Ihre Prüfung ist. Reiter und Pferd sollten ohne Hast und Nervosität ankommen.

Transport und Turnier

Wichtig ist, daß einem jungen Pferd schon früh die Angst vor dem Verladen und dem Transport genommen wird, so daß es nicht vor lauter nervöser Anspannung schon erschöpft auf dem Turnier ankommt. Sie können beträchtliche Entfernungen zu einer Jagd, zu einem Turnier oder einer Geländeprüfung zurückzulegen haben. Das Verladen sollte nicht erst am Turniertag geübt werden. Es gehört ebenso zum Training wie jede andere Übung und muß zu Hause öfter wiederholt werden. Gut ist es, das Pferd an den Hänger oder Transporter zu gewöhnen, indem man es hineinführt und als Teil des gewohnten Tageslaufs dort füttert, bevor man es wirklich auf ein Turnier verlädt. Auch hier empfiehlt es sich wie schon bei anderen Gelegenheiten, ein ruhiges, erfahrenes Pferd mit gutem Beispiel vorangehen zu lassen. Wenn das Pferd sich schnell und ohne Nervosität verladen läßt, macht man eine kurze Fahrt, damit es sich an die Bewegung gewöhnt. Ein paar Tips für das erste Verladen:

- Stellen Sie den Transporter oder Hänger so an ein Tor oder eine Hecke, daß eine Art Fang entsteht. Legen Sie die Rampe auf einen Abhang auf, damit der Anstieg weniger steil wird. Stellen Sie das Fahrzeug so, daß möglichst viel Licht ins Innere fällt.
- Öffnen Sie die vordere Tür (sofern vorhanden), ohne aber die Vorderwand oder vordere Stange zu entfernen.
- Futter und Heunetz sollten bereit sein. Alle Fenster und Lüftungsklappen werden zur besseren Beleuchtung geöffnet. Außerdem brauchen Sie eine Longe oder ein Seil und einen Helfer.
- Legen Sie dem Pferd ein Halfter an und streifen Sie die Trense darüber. Das Pferd sollte für die Fahrt ausgerüstet sein – mit Schweifbandage, Stallbandagen, Knieschützern, Decke, Gurt, Schweifschoner, Kopfschutz und Gummiglocken.
- Führen Sie das Pferd im Schritt an den Hänger, nicht zu eilig, aber auch nicht zu zögernd. Bleiben Sie auf Schulterhöhe, sehen Sie sich nicht um und gehen Sie nicht vor dem Pferd.

Bild 23. Fertig für den Transport.

- Wenn das Pferd im Hänger ist, muß der Helfer sofort die hintere Stange einhängen, damit das Pferd nicht wieder rückwärts hinaus kann. Binden Sie es an.
- Nehmen Sie die Trense ab und binden Sie es so an, daß es fressen, sich aber weder umdrehen noch einen eventuell vorhandenen Nachbarn beißen kann.
- Bitten Sie dazu möglichst jemanden mit mehr Erfahrung um Unterstützung.
- Manche Pferde gehen nicht gern auf einen Hänger. Ein nervöses Pferd, das sich den Hänger nicht einmal ansehen oder auch nur in

die Nähe gehen mag, ist ein Problem. Mit diesem Pferdetyp müssen Sie sich viel Zeit lassen. Versuchen Sie solch ein Pferd nie zu verladen, wenn Sie es eilig haben. Sie werden seine Abneigung nur noch verstärken. Behandeln Sie es mit viel Ruhe und locken Sie es mit Futter. Nach einer Weile wird es wahrscheinlich hineingehen.

- Ein anderes Problem ist das Pferd, das am Rand der Rampe stehenbleibt, herumschwingt und von der Rampe herunterspringt. Führen Sie das Pferd so nahe wie möglich an die Rampe heran und lassen Sie es dort stehen. Binden Sie das eine Ende einer Longe an den Hänger, führen Sie die Longe hinter dem Pferd vorbei und ziehen Sie sie allmählich an, bis sie knapp über dem Sprunggelenk einen sanften Druck ausübt. Vergessen Sie nicht, Handschuhe anzuziehen, denn wenn das Pferd wegspringt und Ihnen die Longe durch die Hand zieht, können Sie regelrechte Verbrennungen davontragen. Sorgen Sie dafür, daß Ihnen ein erfahrener Helfer zur Seite steht, denn ein junges Pferd, das beim ersten Verladen unangenehme Erfahrungen macht, wird immer schwierig bleiben. Wenn Sie nichts erreichen, versuchen Sie es damit, ein anderes, weniger nervöses Pferd zuerst zu verladen. Vielleicht kommt das schwierige Pferd dann nach.

Bild 24. Verladen.

- Wenn Sie das Verladen öfter an ganz normalen Tagen üben, ohne wirklich wegfahren zu wollen, und das Pferd ab und zu im Hänger füttern, dürfte es keine Schwierigkeiten machen, wenn es darauf ankommt.
- Wenn Sie schließlich wirklich eine Fahrt machen, muß der Fahrer sich noch mehr als sonst bemühen, dem Pferd die Fahrt so angenehm wie möglich zu machen. Er sollte öfter als sonst schalten und möglichst langsam fahren, besonders um Ecken und Kurven, um alles zu vermeiden, was dem Pferd einen triftigen Grund liefern könnte, sich in Zukunft vor dem Hänger zu fürchten. Ein Pferd, das sich beim Verladen und während der Fahrt aufregt, wird gespannt und nervös. In diesem Zustand kann es nicht erfolgreich auf einem Turnier starten, und auf einer Jagd wird es vorzeitig müde.

Bild 25. Reitpferdeprüfungen sind besonders geeignet, junge Pferde an die Turnieratmosphäre zu gewöhnen. Als Reiter sollten Sie dabei immer auf korrekte Kleidung achten.

Laden Sie Ihr Pferd nicht sofort aus, wenn Sie auf dem Turnierplatz ankommen. Sehen Sie erst nach, ob es die Fahrt gut überstanden hat. Holen Sie an der Meldestelle Ihre Startnummer ab und sehen Sie nach, ob Sie auch in der richtigen Prüfung genannt sind. Geben Sie Ihre endgültige Meldung ab, sehen Sie sich nach dem Abreiteplatz um und schauen Sie sich die Parcoursskizze an. Über die für Ihre Spring- oder Geländeprüfung gültigen Regeln sollten Sie sich selbstverständlich schon vorher gründlich informiert haben. Gehen Sie sobald wie möglich die Strecke beziehungsweise den Parcours ab, was bei Springprüfungen allerdings erst unmittelbar vor Beginn der Prüfung erlaubt ist. Entfernen Sie die ölgetränkte Watte aus den Hufeisen und schrauben Sie die Stollen ein. Für Springprüfungen sollte das Pferd in jedem Eisen Stollen tragen, und zwar jeweils einen am Ende des äußeren Schenkels.
Lassen Sie das Pferd sich so oft wie möglich erholen, indem Sie absitzen und den Gurt lockern. Suchen Sie ihm einen Schattenplatz, wenn es heiß ist – unter einem Baum oder auf der Schattenseite des Transporters – oder stellen Sie es wieder in den Transporter oder Hänger, wenn es sich gut verladen läßt. Dort ist es am sichersten untergebracht und kann nicht durch ein anderes unruhiges Pferd verletzt werden. Lassen Sie aber die oberen Türflügel offen, damit die Luft gut zirkulieren kann.
Als Turnierreiter müssen Sie auf Ihr Äußeres achten. Sie sollten immer ordentlich angezogen und frisiert sein.
Reiten Sie das Pferd vor dem Start ab und machen Sie zwei oder drei Probesprünge. Nach dem Einreiten können Sie kurz am Rand entlanggaloppieren, aber vergessen Sie nicht, das Glockenzeichen abzuwarten. Wenn Sie vorher starten, müssen Sie ausscheiden.
Nach dem Ritt führen Sie das Pferd einige Minuten im Schritt. Stellen Sie es dann wieder in den Hänger und vergessen Sie nicht, es zu klopfen. Geben Sie ihm Heu und Wasser.
Erwarten Sie beim ersten Start nicht gleich einen Sieg. Die Teilnahme an einem Wettbewerb ist an sich schon eine wertvolle Erfahrung für Reiter und Pferd. In der fremden Atmosphäre eines Turniers einen Parcours zu absolvieren ist für das junge Pferd zu diesem Zeitpunkt absolut genug. Es ist noch nicht soweit, daß man das Tempo forcieren und auf Zeit reiten könnte.

Die Ausbildung des Reiters

Ein Springreiter sollte ein reiterlicher Alleskönner sein. Er beziehungsweise sie muß ständig in Übung bleiben, wobei das A und O der tiefe Sitz ist. Ohne tiefen Sitz gibt es keine Harmonie zwischen Reiter und Pferd. Der Reiter sitzt in der Mitte des Sattels an dessen tiefstem Punkt. Er sitzt fest im Sattel, den Oberkörper aufrecht und losgelassen, besonders in der Taille. Der Oberkörper ist gerade, der Blick nach vorn gerichtet, die Hüften sind senkrecht zum Sattel, jedoch ohne Steifheit. Oberschenkel und Knie schmiegen sich ohne zu klammern an den Sattel. Steifheit in den Beinen überträgt sich auch immer auf den Oberkörper. Der Unterschenkel liegt am Pferdeleib,

Bild 26. Ein Juniorenreiter auf einem kleinen Turnier.

der Absatz ist tief, aber nicht unnatürlich heruntergedrückt, um damit einen „guten Stil“ zu erreichen. Der Rücken ist gerade und aufrecht, die Schultern werden zurückgenommen, die Arme hängen ungezwungen herab und werden so abgewinkelt, daß Unterarm und Zügel eine gerade Linie bilden. Eine imaginäre Vertikale sollte vom Ohr des Reiters durch Schulter und Hüfte bis zum Absatz gehen.
Die Steigbügel müssen so lang sein, daß der Fußballen bei abgewinkeltem Knie auf dem Steg aufliegt.
Die beste Methode, einen unabhängigen Sitz zu erlernen, besteht darin, bei einem erfahrenen Ausbilder einige Longestunden zu nehmen. Durch korrektes Reiten an der Longe entwickelt sich am ehesten ein losgelassener, aber tiefer Sitz, der das Pferd nicht stört. Da das Pferd an der Longe im Kreise geht, kann sich der Reiter ausschließlich auf seinen Sitz konzentrieren, ohne wie sonst noch an das Pferd denken zu müssen.
Dabei hat der Ausbilder Gelegenheit, den Reiter zu beobachten und jeden Fehler in der Haltung sofort zu korrigieren. Manche Ausbilder schwören darauf, daß Musik es dem Reiter leichter macht, den Gleichklang der Bewegung mit dem Pferd zu erlernen – das Wesentliche an der Kunst des guten Reitens. Die Arbeit an der Longe darf aber nicht übertrieben werden, da der Reiter sonst leicht müde, wund und steif wird. Er verspannt sich und bringt es zum Schluß nicht mehr fertig, seine Bewegungen zu koordinieren, ohne den richtigen Sitz einzubüßen. Deshalb sollten die ersten Longe-„Stunden“ nur etwa 20 Minuten dauern, und erst wenn sich der Reiter oder die Reiterin an die Übungen gewöhnt hat und gut und losgelassen im Sattel sitzt, kann man sie auf 45 Minuten ausdehnen. Die Steigbügel sollten nur streckenweise aufgenommen werden. Je besser Sitz und Kondition des Reiters werden, desto länger sollten sie übergeschlagen werden.
Wenn der Reiter unabhängig sitzen gelernt hat, kann er daran gehen, den leichten Sitz oder Springsitz zu lernen. Der Oberkörper wird nach vorn geneigt, die Steigbügel werden zwei bis drei Loch kürzer geschnallt als bei der Arbeit an der Longe oder einem Ausritt. Dadurch wird der Winkel zwischen Hüfte und Oberschenkel enger, das heißt der Reiter sitzt sicherer im Sattel. Der Blick des Reiters ist nach vorn, in die Bewegungsrichtung, gerichtet.

Bild 27. Übung des klassischen Springsitzes im Stand.

Knie und Schenkel werden in Richtung auf den tiefen Absatz nach unten gedrückt, so daß das Reitergewicht vom Steigbügel aufgenommen wird. Eine gedachte vertikale Linie ginge bei einem Reiter im leichten Sitz durch die Schulter, das Knie und die Zehenspitzen. Dieser Sitz ermöglicht völlige Harmonie mit dem Pferd.
Der Sitz darf nicht steif sein, sondern muß beweglich bleiben, weil er sich bei jedem Sprung den verschiedenen Phasen von Anreiten, Absprung, Schwebephase, Landung und Weitergalopp anpassen muß. Je flüssiger dieser Bewegungsablauf vonstatten geht, desto besser ist der Pferderücken entlastet, so daß das Pferd im Sprung das Reitergewicht nicht zu spüren bekommt und auch bei der Landung und beim Weitergaloppieren nicht durch zusätzliches Gewicht ungebührlich belastet wird. In dieser Haltung kann der Reiter das Gesäß zwar leicht aus dem Sattel nehmen, kann sich aber auch sofort wieder hinsetzen und treibend einwirken, wenn dies erforderlich wird.

Bild 28. Zum Training des jungen Reiters gehört es, eine niedrige Sprungfolge ohne Bügel und ohne Zügel zu nehmen.

Bild 29. Eine weitere Sprungfolge, die das Gleichgewicht fördert.

Den für das Springen im Parcours und im Gelände erforderlichen leichten Sitz lernt man durch das Traben über Bodenstangen und Cavaletti.

Die Zügel werden gehalten wie immer, die Hände liegen tief und weiter vorn als im Dressursitz zu beiden Seiten des Pferdehalses. Auch jetzt sollten Unterarm, Hände und Zügel eine gerade Linie bilden. Üben Sie diese Haltung im Leichttraben über Bodenstangen. Der Oberkörper ist dabei etwas nach vorn geneigt, die Absätze werden jedoch gut nach unten gedrückt, und die Knie liegen fest, aber unverkrampft am Sattel. Wenn das Pferd gelassen über die Stangen trabt, werden die Stangen im Aussitzen angeritten. Über den Stangen nimmt der Reiter den leichten Sitz mit vorgeneigtem Oberkörper ein und geht nach den Stangen zum Leichttraben über. Beim Anreiten und über den Stangen gibt der Reiter mit der Hand etwas nach, damit das Pferd den Hals vorwärts-abwärts strecken kann. Der Kontakt zum Pferdemaul darf dabei allerdings nicht verlorengehen.

Die für den tiefen Sitz so wichtige Geschmeidigkeit der Hüftpartie

Bild 30. Mit Bügel und Zügel: Die Reiterin konzentriert sich auf ihren Springsitz.

läßt sich besonders durch Galopparbeit verbessern. Mehrere niedrige Gymnastiksprünge im Abstand von 3 m, sogenannte In-Outs, das heißt ohne Galoppsprung zwischen den Sprüngen, fördern das Vertrauen des Reiters und festigen den Sitz. In allen Phasen des Anreitens und Springens bleiben die Hände tief und bereit, jederzeit in Richtung Pferdemaul nachzugeben. Hüfte, Knie und Fußgelenk sind die Drehpunkte, die es dem Reiter ermöglichen, der Bewegung des Pferdes zu folgen. Der Blick ist nach vorn gerichtet.
Je mehr Erfahrung der Reiter bekommt und je besser sein Dressur- und Springsitz wird, desto mehr wird es ihn reizen, sein Können auch über anspruchsvolleren Hindernissen zu erproben. Es sei hier deshalb noch einmal darauf hingewiesen, wie wichtig eine dressurmäßige Grundausbildung auch für den Springreiter ist – ebenso wichtig wie die Fähigkeit, höhere und schwierigere Hindernisse korrekt springen zu können.
Für jedes Hindernis gibt es den idealen Absprung. Der Reiter muß sein Auge schulen, damit er die richtige Stelle für den Absprung erkennen und den Galoppsprung des Pferdes verlängern oder verkürzen und damit einteilen lernt. Der Anfänger braucht die Anleitung eines Fachmannes mit einem guten Auge und Erfahrung in der Springausbildung von Pferden. Ein guter Ausbilder wird wahrscheinlich auch – unter entsprechenden Bedingungen – ohne Bügel und ohne Zügel reiten und später auch springen lassen. Wenn der Schüler in der Lage ist, diese Übungen aufzunehmen und zu verarbeiten, sind sie hervorragend geeignet, einen wirklich sicheren Sitz, unabhängig von Zügeln und Bügeln, zu entwickeln.

Abstände zwischen Hindernissen

Folgende, auch auf Turnieren anzutreffende Abstände in Kombinationen werden wie folgt gesprungen:
Zwei Steilsprünge im Abstand von 8 m: ein Galoppsprung dazwischen
Zwei Steilsprünge im Abstand von 11 m: zwei Galoppsprünge dazwischen
Zwei Oxer im Abstand von 7,30 m: ein Galoppsprung dazwischen
Zwei Oxer im Abstand von 10,80 m: zwei Galoppsprünge dazwischen
Ein Steilsprung gefolgt von einem Oxer im Abstand von 7,60 m: ein Galoppsprung dazwischen
Ein Steilsprung gefolgt von einem Oxer im Abstand von 10,80 m: zwei Galoppsprünge dazwischen
Ein Steilsprung gefolgt von einem Hochweitsprung im Abstand von 7,50 m: ein Galoppsprung dazwischen
Ein Steilsprung gefolgt von einem Hochweitsprung im Abstand von 10,80 m: zwei Galoppsprünge dazwischen
Ein Oxer gefolgt von einem Steilsprung im Abstand von 7,85 m: ein Galoppsprung dazwischen
Ein Oxer gefolgt von einem Steilsprung im Abstand von 11,00 m: zwei Galoppsprünge dazwischen
Ein Oxer gefolgt von einem Hochweitsprung (Typ Triplebarre) im Abstand von 7,50 m: ein Galoppsprung dazwischen
Ein Oxer gefolgt von einem Hochweitsprung (Typ Triplebarre) im Abstand von 10,65 m: zwei Galoppsprünge dazwischen
Ein Oxer gefolgt von einem Hochweitsprung im Abstand von 7,30 m: ein Galoppsprung dazwischen
Ein Oxer gefolgt von einem Hochweitsprung im Abstand von 10,65 m: zwei Galoppsprünge dazwischen
Ein Hochweitsprung (Typ Triplebarre) gefolgt von einem Steilsprung im Abstand von 8,10 m: ein Galoppsprung dazwischen

Bild 31. Karree-Oxer: Absprung.

Bild 32. Karree-Oxer: Schwebephase.

Bild 33. Landephase. Der Kontakt zum Pferdemaul darf in keiner Phase verlorengehen.

Ein Hochweitsprung (Typ Triplebarre) gefolgt von einem Steilsprung im Abstand von 11,30 m: zwei Galoppsprünge dazwischen
Ein Hochweitsprung gefolgt von einem Steilsprung im Abstand von 8,00 m: ein Galoppsprung dazwischen
Ein Hochweitsprung gefolgt von einem Steilsprung im Abstand von 11,10 m: zwei Galoppsprünge dazwischen
Ein Hochweitsprung gefolgt von einem Oxer im Abstand von 7,85 m: ein Galoppsprung dazwischen
Ein Hochweitsprung gefolgt von einem Oxer im Abstand von 11,00 m: zwei Galoppsprünge dazwischen

Diese Abstände werden gemessen von der Hinterkante des ersten zur Vorderkante des zweiten Sprunges wie in Abbildung 19 dargestellt.

Die angegebenen Abstände gelten für Pferde von etwa 1,65 m Bandmaß. Um einem Pferd die Abstände in Kombinationen passend machen zu können, muß man natürlich die Länge seines Galopp-

Bild 34. Pferde, die nicht gut aus der Schulter heraus springen, läßt man aus dem Trab springen: Bodenstange gefolgt von einem kleinen Hochweitsprung im Abstand von 3 m.

sprunges kennen. Ich gehe hier von einer Länge von 3 m aus. Für den Anfang übt man selbstverständlich besser über Abstände, die für das Pferd bequem zu springen sind, und geht erst allmählich zu anspruchsvolleren Aufgaben über. Wenn die Abstände einmal länger und einmal kürzer sind, lernt das Pferd hinzuschauen und sich anzupassen.

Abb. 19.

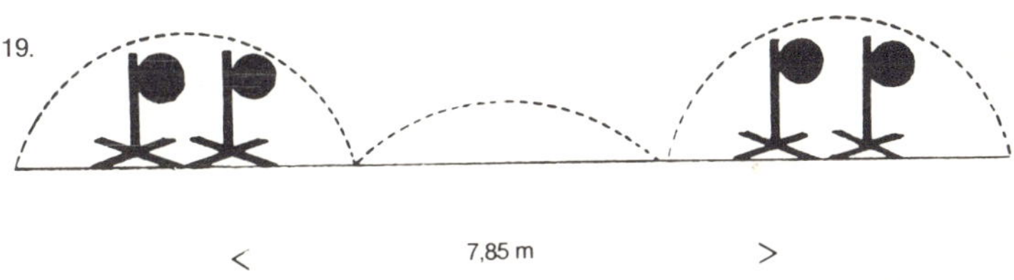

Machen Sie sich beim Abgehen des Parcours vor einer Springprüfung die Mühe, die Abstände in den Kombinationen abzuschreiten, damit Sie wissen, ob Sie den Galoppsprung verkürzen müssen oder

nicht. Steilsprünge springt man am besten aus dem verkürzten, gesetzten Galopp, aber wichtig ist auch der Abstand zwischen zwei Sprüngen. Der Einsprung muß schon so bemessen sein, daß sich die Länge des für den fehlerlosen Aussprung richtigen Galoppsprungs automatisch ergibt.
Reihen von Gymnastiksprüngen sind eine wichtige Übung. Fangen Sie mit einem kleinen Hindernis von 80 cm Höhe an und lassen Sie in bequemem Springabstand verschiedene Hindernistypen aufeinanderfolgen, die mit wachsendem Zutrauen von Pferd und Reiter höher und weiter werden dürfen.

Fehler – und ihre Korrektur durch den Ausbilder

Wenn ein Pferd beim Springen grundsätzliche Fehler macht oder anfängt, Fehler zu machen, muß man erst die Ursache dafür finden und dann daran gehen, den Fehler abzustellen.

Verspannte, nervöse Pferde neigen oft dazu, im Parcours heftig zu werden und Sprünge unkontrolliert anzuziehen. Die Ursache dafür ist vielleicht, daß der vorhergehende Reiter eines solchen Pferdes sich „mitziehen“ ließ – das heißt er hielt sich am Zügel fest, weil er nie einen tiefen Sitz erlernt und infolgedessen auch kein Zutrauen hatte. Vielleicht wurde das Pferd bei der Grundausbildung auch über die Sprünge gejagt – das heißt zu früh in seiner Ausbildung gezwungen, zu hohe Hindernisse zu springen, so daß es durch Überforderung das Vertrauen verloren hat. In diesem Fall muß der Ausbilder wieder auf die Grundausbildung zurückgehen und das Pferd erst im Schritt, dann im Trab um Hindernisse herum und über Bodenstangen und kleine Hindernisse reiten, bis er allmählich dazu übergehen kann, einladende Hindernisse aus dem Galopp zu springen. Bei der Arbeit über Bodenstangen kommt es besonders darauf an, daß das Pferd den Hals vorwärts-abwärts streckt. Dadurch wird die Rückentätigkeit gefördert. Sobald es diese einfachen Übungen gelassen ausführt, kann man es aus dem Trab über ein paar kleine Hindernisse gehen lassen und nimmt dann die dressurmäßige Arbeit mit Handwechseln und gelegentlichem Treten über Bodenstangen wieder auf.

Wenn dies gelingt und das Pferd nicht die ganze Zeit zu erraten versucht, was es als nächstes tun soll, springen Sie ein einfaches Hindernis aus dem Galopp, klopfen Sie dem Pferd den Hals, wenn es den Sprung ruhig genommen hat, und nehmen Sie die Trabarbeit über Bodenstangen und kleine Hindernisse mit einer gelegentlichen Galoppreprise wieder auf. Die Einfachheit der Aufgaben und die Abwechslung tragen dazu bei, daß das Pferd die Reiterhilfen abwartet und nicht mehr jeden Sprung anzuziehen versucht, weil es, wenn

Bild 35. Die Stange auf der Landeseite des niedrigen, aber tiefen Karree-Oxers soll das Pferd dazu bringen, Kopf und Hals zu strecken.

man immer wieder von einer leichten Übung zur nächsten wechselt, nicht im voraus wissen kann, was als nächstes von ihm verlangt wird.

Bei einem Pferd, das sich gern „überspringt", das heißt früher und höher als nötig springt, ist ein Halsriemen nützlich, damit der Reiter es nicht aus Versehen im Maul reißt. Schon beim Anreiten greift man immer in den Halsriemen.

„Ausbrechen" bedeutet, daß das Pferd am Hindernis vorbeigelaufen ist, ohne es zu springen. Auch hier ist die Ursache möglicherweise in einer schlechten oder mangelhaften Grundausbildung zu suchen. Vielleicht wurde das Pferd zu früh gefordert, vielleicht mußte es aus unmöglichen Positionen springen, oder der Reiter neigte sich zu weit nach vorn und störte das Pferd vor dem Absprung. Auch harter Boden, der „auf die Gelenke geht", kann dazu führen, daß ein Pferd nicht mehr springen mag. Wenn der Boden vor dem Sprung rut-

Bild 36. Wegen ihres allmählichen Ansteigens ist die Triplebarre für ein junges Pferd besonders einladend zu springen.

schig ist, kann das Pferd das Vertrauen verlieren. Natürlich kann es sich auch um pure Unart oder Ungehorsam handeln. Wenn der vorhergehende Reiter dem Pferd zu oft seinen Willen gelassen hat, wird es weiterhin versuchen, seinen Kopf durchzusetzen. In diesem Fall müssen Sie, der Reiter, fest bleiben, sofort dagegen angehen und gegebenenfalls Gebrauch von der Gerte machen. Entscheiden Sie sich, wie der Sprung anzureiten ist, und reiten Sie das Pferd entschlossen und mit Selbstvertrauen dagegen.
Wenn Sie den Verdacht haben, daß einem Pferd ein Hindernis zu hoch ist – ganz gleich, wie hoch es wirklich ist –, gehen Sie am besten eine Stufe zurück und bestehen Sie nicht darauf, es über dieses Hindernis zu korrigieren. Bauen Sie ein ähnliches, aber viel niedrigeres Hindernis, achten Sie auf korrektes Anreiten und üben Sie dieses Hindernis so lange, bis das Pferd es gut springt und so wieder Zutrauen faßt.

Wenn Sie gezwungen sind, die Anforderungen wieder zurückzuschrauben, weil Sie ein vielleicht erst kürzlich erworbenes Pferd korrigieren müssen, dürfen Sie die Anforderungen nur sehr vorsichtig wieder erhöhen und dabei die dressurmäßige Grundausbildung nicht vergessen. Manchmal macht ein Reiter unwissentlich einen Fehler, den er dann dem Pferd anlastet, zum Beispiel wenn bei dem so wichtigen Augenblick vor dem Absprung der Kontakt zum Pferdemaul verlorengeht. Wenn Sie wirklich das Gefühl haben, etwas falsch zu machen, ist es vernünftig, einen erfahrenen Reiter zu bitten, Ihnen und dem Pferd zuzuschauen – was Ihnen als Fehler des Pferdes erscheint, ist vielleicht in Wirklichkeit ein Reiterfehler.
Wenn ein Pferd, das bisher gut gesprungen ist, anfängt, unwillig zu springen, sollten Sie seine Beine abfühlen. Wenn Sie eine heiße oder geschwollene Stelle entdecken, rufen Sie den Tierarzt.
Überhaupt sollten Sie immer den Profi um Rat fragen – und das ist der Tierarzt. Jemand, der noch keine Erfahrung in der Ausbildung von Pferden hat, kann nicht wissen, was einem Pferd, das dauernd schlecht geht, fehlen könnte. Nur regelmäßige und gründliche

Bild 37. Triplebarre.

Untersuchungen durch einen qualifizierten Tierarzt geben die Sicherheit, daß das Pferd körperlich in der Lage ist, den ihm gestellten Anforderungen zu genügen. Meine Bemerkungen über Krankheiten und Behandlungsmöglichkeiten sind nur als Anregungen gedacht. Bei jedem Zweifel sollten Sie auf jeden Fall unverzüglich den Arzt holen.

Die Gefahr der Langeweile während des ersten Trainings bleibt während der gesamten Springlaufbahn bestehen. Springen Sie nicht so intensiv und so häufig, daß das Pferd sich langweilt und sich daher träge und lustlos bewegt und auch so springt. Achten Sie auf Abwechslung in der Arbeit und suchen Sie sich die Prüfungen aus, an denen Sie teilnehmen. Starten Sie nicht in jedem Springen, das für Sie und Ihr Pferd in Frage käme. Ein Start in der Woche ist für die Dauer der Turniersaison genug.

Das Heilmittel für ein Pferd, das flach und unachtsam springt, besteht – abgesehen von überlegtem Training und noch einmal Training – in Ruhe. Stellen Sie es ungefähr einen Monat auf die Koppel. Dasselbe gilt auch für ein Pferd, das anfängt zu verweigern. Wenn Ihnen Jagdreiten Freude macht, sind Jagden eine wirkungsvolle Alternative zu dem formelleren Springen im Parcours, aber wenn diese Möglichkeit fehlt oder Sie selbst sich ausschließlich auf Springreiten konzentrieren wollen, bieten sich Geländeritte in Gesellschaft eines Reiterkameraden auf einem reifen und erfahrenen Pferd, das mit dem eigenen „konkurriert“, als willkommene Abwechslung für Ihr Pferd an. So bekommt es vielleicht schnell wieder Freude an der Arbeit.

Der Trainingsneuling kann auch vor der Schwierigkeit stehen, daß das Pferd zwar mit großem Vertrauen, aber sehr unaufmerksam springt. Es springt entweder zu früh oder zu spät ab und läuft dadurch Gefahr, das Hindernis entweder mit der Hinter- oder mit der Vorhand abzuwerfen. In diesem Fall hat sich ein ganz einfacher Aufbau als sehr nützlich erwiesen. Man kann einem Pferd beibringen, „seinen Weg zu finden“, wenn man in der Mitte der Halle oder des Platzes ein niedriges Hindernis so aufbaut, daß es von beiden Seiten gesprungen werden kann. Versuchen Sie eine Acht zu reiten, wobei der Sprung in der Mitte der Acht zu stehen hat.

Sie können den Sprung aus verschiedenen Winkeln anreiten, müs-

Bild 38. Dachsprung.

sen jedoch immer die Mitte anreiten. Reiten Sie für den Anfang nicht zu schräg an, Sie fordern sonst ein Vorbeilaufen des Pferdes heraus.

Durch diese Übung lernt das Pferd, sich den Absprung richtig einzuteilen und in einem ausbalancierten Galopp zu landen.

Manche Pferde springen aus der Vorhand ab und benützen ihre Schulter nicht richtig. Zur Korrektur läßt man das Pferd aus dem Trab über niedrige Sprünge gehen, denen in kurzem Abstand niedrige, aber weite Oxer folgen. Ein niedriger, aber weiter Oxer mit einer Stange im Abstand von 3,50 m dahinter auf dem Boden bringt das Pferd dazu, Vorhand, Schultern und Hals zu heben und bei der

Landung kräftig auszugreifen. Solch ein Pferd läßt man ein- bis zweimal in der Woche freispringen.
Wenn ein Pferd mit weggedrücktem Rücken und hoher Nase springt, kann das an Gebäudemängeln liegen. Vielleicht hat ein unerfahrener Reiter es auch im Maul gestört, oder vielleicht ist es einfach von Natur aus heftig. Solch ein Pferd arbeitet man über einen Hochweitsprung mit einer kleinen Stange im Abstand von 3,00 m dahinter, die es zwingt, den Kopf herunterzunehmen und bei der Landung den Rücken aufzuwölben. Man kann es auch damit versuchen, das Pferd um verschiedene Sprünge herum zu arbeiten und es aus dem Trab darübergehen zu lassen. Das entwickelt den Schub aus der Hinterhand und die Rückenmuskulatur, so daß sich die Springmanier verbessert. Auch durch die Arbeit an der Longe wird die Rückenmuskulatur gekräftigt und eine korrekte Bascule gefördert.

Stallplan für Springpferde

Den folgenden Tagesplan für die Haltung eines jungen Spring- oder Vielseitigkeitspferdes können Sie natürlich individuell für Ihre Bedürfnisse abändern.

7.00 Uhr Sehen Sie zuerst nach, ob das Pferd sich während der Nacht verletzt hat. Tränken Sie es, streifen Sie ihm ein Halfter über und binden Sie es an. Misten Sie aus und streuen Sie frisch ein. Füllen Sie das Heunetz mit 2 kg Heu. Kratzen Sie die Hufe aus, schieben Sie die Decke zurück und putzen Sie das Pferd rasch über. Waschen Sie Augen, Nüstern und After mit verschiedenen Schwämmen aus. Füttern Sie ungefähr ein Drittel der täglichen Kraftfutterration.

9.30 Uhr Nehmen Sie die Decke ab, satteln Sie und arbeiten Sie das Pferd bis zu eineinhalb Stunden.

11.00 Uhr Absatteln und tränken. Binden Sie das Pferd an, entfernen Sie den Dung aus der Box, kratzen Sie die Hufe aus und putzen Sie das Pferd gründlich, wobei die Nierenpartie eingedeckt bleibt, solange Sie dort nicht putzen. Decken Sie es wieder ein, füllen Sie den Tränkeimer, geben Sie 2,5 kg Heu ins Heunetz. Fegen Sie die Stallgasse, falls dies zu Ihren Aufgaben gehört.

12.30 Uhr Zweite Fütterung – 1,5 kg Hafer mit 0,5 kg Kleie und Karotten – ein Drittel der Tagesration.

16.30 Uhr Entfernen Sie den Dung, kratzen Sie die Hufe aus, füllen Sie den Tränkeimer. Wechseln Sie die Tagesdecke gegen die Nachtdecke aus. Säubern Sie die Krippe und füttern Sie 1,5 kg Hafer mit 0,5 kg Kleie und Karotten. Füllen Sie das Heunetz mit 3,5 kg Heu.

20.30 Uhr Letzter Rundgang – sehen Sie Decke, Tränkeimer und Einstreu nach, bevor Sie den Stall für die Nacht verschließen.

Pferde schätzen einen regelmäßigen Tageslauf. Der von mir aufgestellte Zeitplan mag nicht für alle Gegebenheiten passend sein, aber versuchen Sie auf jeden Fall, eine auf Ihre Bedingungen zugeschnittene Routine zu entwickeln und sich daran zu halten. Regelmäßigkeit ist die beste Voraussetzung für das Wohlbefinden Ihres Pferdes.
Ein Pferd kann nur etwas leisten und von seiner Ausbildung profitieren, wenn es auch gemäß den gestellten Anforderungen gefüttert wird. Der Neuling holt bezüglich der Menge und der Zusammensetzung natürlich besser den Rat des Fachmannes ein, aber drei grundsätzliche Regeln sind auf jeden Fall zu beachten: a) Gefüttert wird wenig, aber häufig. b) Getränkt wird vor dem Füttern. Im Vergleich zu anderen großen Tieren haben Pferde einen kleinen Magen, und eine große Menge Wasser nach dem Futter kann zu Kolik führen. Noch besser ist es, wenn dem Pferd ständig frisches Wasser zur Verfügung steht. c) Arbeiten Sie das Pferd nie mit vollem Magen.
Unter „wenig, aber häufig" verstehe ich, daß vier Mahlzeiten am Tag mit reichlich Heu in der Zwischenzeit gut gegen Langeweile sind, weil Sie das Pferd dazu aufsuchen müssen. Es versteht sich von selbst, daß nur Futter bester Qualität verfüttert wird.
Denken Sie daran, daß das Pferd entsprechend der geleisteten Arbeit gefüttert werden muß. Wenn man nach einer Koppelpause die Kondition aufbauen will, besteht das Futter hauptsächlich aus Rauhfutter. Je intensiver das Training wird, desto höher sollte auch der Kraftfutteranteil werden. Wenn das Pferd aus irgendeinem Grund nicht gearbeitet werden kann, muß der Hafer durch Kleiemash ersetzt werden.
Wenn die Box nicht mit einer Selbsttränke ausgestattet ist, läßt man am besten Tag und Nacht einen Tränkeimer mit stets frischem Wasser darin stehen, damit das Pferd sich daran gewöhnt, kurze Züge zu nehmen, wenn es Durst hat, statt in langen Zügen sehr viel Wasser aufzunehmen, wenn es ihm gebracht wird.
Ein gesundes Pferd von 1,55 m bis 1,65 m Bandmaß braucht etwa 13,5 kg Futter am Tag, das zu zwei Dritteln aus Rauhfutter – Heu und Kleie – und zu einem Drittel aus Kraftfutter – Hafer, Gerste oder Preßfutter – bestehen sollte. Wenn das Pferd viel leisten muß, wird der Rauhfutteranteil reduziert und je nach Alter und Typ des Pferdes mehr Protein gefüttert. Manchen Pferden bekommt Hafer

sehr gut, während andere davon zu feurig, das heißt übermütig und schwer zu bändigen werden und eine weniger proteinreiche Kost brauchen.
Dies sind nur einige allgemeine Bemerkungen über das Füttern. Ein vernünftiger Besitzer wird sich bei einem erfahrenen Pferdemann Rat holen, was und wieviel er einem bestimmten Pferd füttern soll.
Das tägliche Putzen ist unerläßlich für die Kondition des Pferdes. Es ist ein wichtiger Bestandteil des Gesundheitsprogramms, weil es die Muskeln stimuliert – nicht nur, weil es besser aussieht.
Zum Putzen gehören:

- Hufkratzer
- Körperbürste, um Schmutz und Fett aus dem Fell zu bürsten, für Mähne und Schweif ungeeignet. Eine harte Bürste, die bei empfindlichen Pferden mit Vorsicht anzuwenden ist
- Kardätsche, um Schuppen, getrockneten Schweiß und Fett aus Fell, Mähne und Schweif zu entfernen
- Striegel, um die Kardätsche daran abzustreifen und zu säubern
- Wurzelbürste, um Mähne und Schweif anzufeuchten, damit sie besser liegen
- Drei Schwämme, je einen für Augen, Nüstern und After
- Mähnenkamm, mit dem Mähne und Schweif entwirrt und von Kletten etc. gesäubert werden, außerdem zum Verziehen von Mähne und Schweif. Vorsicht, er kann dem Pferd nicht nur weh tun, er kann auch Schweif- und Mähnenhaare ausreißen
- Weiches Tuch, um das Fell zum Abschluß blankzureiben
- Heu- oder Strohwisch, mit dem das Pferd abgerieben wird; regt den Kreislauf an und stimuliert die Muskulatur.

Bewahren Sie das Putzzeug in einem passenden Beutel oder Kasten auf. Zum Putzen gehören folgende Arbeitsgänge:

- Streifen Sie dem Pferd ein Halfter über und binden Sie es mit einem leicht aufzuziehenden Knoten kurz an.
- Kratzen Sie die Hufe aus und sammeln Sie den herausgekratzten Mist, Steine usw. in einem Abfalleimer, damit sie nicht in die Streu fallen.
- Bürsten Sie getrockneten Schweiß und Schmutz mit der Körperbürste von Körper und Beinen. Fangen Sie am Genick an und achten Sie besonders auf die Sattel- und Gurtlage.

- Die Kardätsche wird zusammen mit dem Striegel benutzt. Für die linke Seite des Pferdes nimmt man die Kardätsche in die linke, den Striegel in die rechte Hand und bearbeitet, am Genick beginnend, das Fell mit festen, kreisförmigen Bewegungen. Dazwischen wird die Bürste immer wieder am Striegel abgestreift. Für die rechte Seite nimmt man die Bürste in die rechte Hand.
- Mit dem leicht angefeuchteten Heu- oder Strohwisch reibt man kräftig über alle festbemuskelten Bereiche – den Hals, die Schultern, die Hinterhand und Schenkel. Das ist die bereits erwähnte Massage, die auf die Muskeln ebenso stimulierend wirkt, wie wenn ein Boxtrainer die Muskeln seines Schützlings beklopft.
- Mit drei verschiedenen sauberen Schwämmen werden – in dieser Reihenfolge – Augen, Nüstern und After gereinigt und die Schwämme sofort ausgewaschen.
- Damit Mähne und Schweif gut liegen, werden sie mit der angefeuchteten Wurzelbürste gebürstet.
- Die Hufe werden mit Huffett und einem speziell hierfür verwendeten Pinsel eingefettet. Das sieht nicht nur gepflegt aus, es verbessert auch die Hornbeschaffenheit.
- Zum Abschluß fährt man mit dem weichen Lappen über das Fell und bandagiert den Schweif ein.

Ein Pferd muß eine gute, 8 bis 10 cm tiefe Einstreu haben, damit es sich gern hinlegt. Dazu kann man Weizenstroh, Sägemehl, Sägespäne oder Torf verwenden.

Nur reifes, trockenes Stroh bester Qualität kommt in Frage. Geschnittenes Stroh ist sparsamer und wird deshalb mehr verwendet, obwohl längeres Stroh länger hält; es ist allerdings auch schwerer zu handhaben. Stroh gibt die beste Einstreu ab, weil es schnell trocknet und leicht zu beseitigen ist.

Sägemehl muß selbstverständlich ganz trocken sein; dann ist es sehr saugfähig. Es hat jedoch die unangenehme Eigenschaft, die Abflüsse innerhalb der Box zu verstopfen, falls sie nicht vor dem ersten Einstreuen speziell abgesichert werden. Wenn man eine nicht zu leichte Metallplatte mit einem Heuwisch darunter über den Abfluß deckt, kann beim Ausmisten kein Sägemehl in die Drainage geraten. Sägemehl ist sauber und leicht zu handhaben. Der dunkle Torf ist ebenfalls saugfähig und wirkt außerdem geruchsbindend. Seine Handhabung ist etwas mühsamer als die von Sägemehl, er läßt sich aber gleichermaßen verwenden.

Ausmisten

Die empfehlenswerteste Methode besteht darin, das Pferd anzubinden und den oberflächlichen Dung zu entfernen. Fangen Sie an der Stalltür damit an, das Stroh auf der Mistgabel durchzuschütteln. Häufen Sie das saubere Stroh auf einer Seite an und fahren Sie das nasse, schmutzige Stroh auf einer Schubkarre weg. Der Boden wird gefegt und eine Weile ausgelüftet. Danach wird das frische Stroh aufgeschüttelt und so verteilt, daß es an den Seiten höher liegt als in der Mitte.
Bei Sägemehl oder -spänen entfernt man zuerst allen oberflächlich sichtbaren Dung, recht dann alle feuchten Stellen hinaus und das trockene Material von den Seiten zur Mitte. Dann streut man frisches Material dazu.

Bandagen

Bandagen sollten die Pferdebeine schützen. Sie stützen sie, halten sie warm und sorgen dafür, daß etwaige Verbände nicht verrutschen.
Flanell- oder Wollbandagen werden besonders als Transportschutz verwendet. Im Stall halten sie die Pferdebeine warm. Beim Bandagieren beginnt man gleich unter dem Vorderfußwurzel- beziehungsweise Sprunggelenk und bandagiert im Uhrzeigersinn das Bein hinunter bis über das Fesselgelenk und dann wieder zurück zum Anfang. Hier werden die Enden auf der Außenseite der Röhre gebunden.
Arbeitsbandagen sollen das Bein besonders bei hartem Boden stützen. Sie haben eine stoßdämpfende Wirkung. Das Pferd gewöhnt sich leicht daran und muß dann zum Springtraining und bei Turnieren immer einbandagiert werden. Sie sind keine Verzierung, wie manche jungen Leute zu denken scheinen, die ihre Pferde mangelhaft bandagiert vorstellen. Falsch angewendet können sie mehr schaden als nützen.

Am besten sind elastische Bandagen, die über Gamgee (in Gaze gesteppte Watte) gewickelt werden. Man bandagiert von unterhalb des Vorderfußwurzel- beziehungsweise Sprunggelenks im Uhrzeigersinn hinunter bis knapp oberhalb des Fesselgelenks, dann wieder hinauf und knotet die Bänder zusammen, damit sie bei der Arbeit nicht rutschen.

Beschlag

Ein Turnierpferd muß regelmäßig – etwa einmal im Monat – beschlagen werden, damit die Eisen sich nicht zu sehr abnutzen oder locker werden und damit sich die Schraublöcher für die Stollen nicht verziehen.
Ein zuverlässiger Hufschmied ist für die Pflege eines Springpferdes unerläßlich. Das Eisen soll auf den Huf passen, nicht der Huf zum Eisen passend gemacht werden. Die Aufzüge müssen glatt und hoch genug sein. Die Hintereisen sollten zum Schutz gegen Greifen oder Ballentritte mit seitlichen Aufzügen ausgestattet sein. Ein Turnierpferd braucht Schraublöcher für Stollen an allen vier Eisen, und zwar jeweils am hinteren Ende des äußeren Schenkels. Es gibt zwei Arten von Stollen, die Sie benutzen sollten: kegelförmige für harten und mittelharten Boden und viereckige für weichen Boden. Wie schon gesagt hält man die Löcher frei von Schmutz und Steinchen, die sich andernfalls dort zusammenbacken würden, indem man sie mit ölgetränkter Watte ausstopft. Am Tag vor dem Turnier wird der alte Wattepfropf durch einen neuen ersetzt, so daß er sich bei Bedarf leicht entfernen läßt. Auf keinen Fall darf das Pferd mit Stollen verladen werden. Wenn es ausrutscht, kann es sich böse verletzen.

Verletzungen und Krankheiten

Da es nur wahrscheinlich ist, daß ein junges Turnierpferd einmal krank wird oder sich verletzt, kann es ganz nützlich sein, dem Leser einen Überblick über die Gefahren zu geben, die ihn möglicherweise erwarten. Rufen Sie im Zweifelsfalle jedoch immer den Tierarzt. Versuchen Sie nicht, nach der Lektüre dieses Kapitels oder anderer Bücher über Erkrankungen des Pferdes, Ihr eigener Tierarzt

zu sein. Dazu brauchen Sie viele Jahre der Erfahrung im Umgang mit Pferden.
Schon als junges Pferd sollte jedes Pferd gegen Tetanus (Wundstarrkrampf) und Influenza (Pferdegrippe) geimpft werden. Wie bei allen Krankheiten gilt auch hier, daß Vorbeugen besser ist als Heilen. Wenn eine Krankheit oder Verletzung ausgeheilt werden muß, geht wertvolle Trainingszeit verloren, und es dauert lange, bis das Pferd wieder seine Bestform erreicht hat.
Erreger des meist tödlich verlaufenden Starrkrampfes sind die Tetanusbazillen, die durch offene Wunden, manchmal ganz kleine Risse oder Abschürfungen, in die Blutbahn gelangen. In der Aufregung des Turniers werden kleine Verletzungen leicht übersehen, und deshalb betone ich immer wieder, wie wichtig es ist, sein Pferd genau zu untersuchen, nicht nur nach der Arbeit zu Hause, sondern auch nach einem Transport und besonders nach einem Wettbewerb. Tetanus kommt in manchen Gegenden, anscheinend besonders auf lehmigen Böden, häufiger vor als in anderen.
Bei einer *Tetanuserkrankung* steigt die Temperatur auf 39,5 bis 40,5° C. Die Nickhaut des Auges wird sichtbar, das Pferd ist sehr nervös und steht mit steifer Schweifrübe und steif nach vorn und unten gerecktem Hals da. Bei weiterem Fortschreiten der Krankheit werden auch die Beine steif, und schließlich kann das Pferd die Kiefer nicht mehr bewegen. Ein vernünftiger Besitzer ruft natürlich beim ersten Anzeichen einer Störung den Tierarzt. Wenn es das Unglück will, daß ein Pferd sich mit Tetanusbazillen infiziert hat, wird es in einer abgedunkelten Box gehalten und mit Abführmitteln behandelt. Der Tierarzt wird zu reichlich Heu und unbegrenzt frischem Wasser raten.
Springpferde verletzen sich am häufigsten durch „Greifen“ oder „Streifen“, leichte Verletzungen können auch beim Transport vorkommen. Daher meine Warnung, sich beim Verladen sehr viel Zeit zu lassen und vorsichtig zu fahren. Wenn das Pferd gegen Tetanus geimpft ist, besteht die Behandlung einer – sauberen – Verletzung darin, daß die Ränder leicht zusammengedrückt und die Wunde mit einem Wundspray oder einer Tinktur desinfiziert wird. Auch hier kann es nicht schaden, im Zweifelsfall einen erfahrenen Reiterkameraden zu Rate zu ziehen.

Die *Pferdegrippe* muß erwähnt werden, weil es leider immer Leute gibt, die, ungeachtet der Verbreitungsgefahr dieser ansteckenden Krankheit, mit ihrem aus einem bereits infizierten Stall kommenden Pferd größere Ansammlungen von Pferden besuchen. Auch die beste Pflege Ihres eigenen Pferdes nützt da nichts. Es handelt sich um eine äußerst ansteckende Virusinfektion, die sich als Hustenepidemie manifestiert. Die Temperatur steigt plötzlich auf 39 und sogar 41° C an, sinkt aber bald wieder, so daß dieses Symptom oft übersehen wird und die Ansteckung sich schnell im ganzen Stall verbreiten kann. Nach dem Temperaturanstieg beginnt das Pferd zu husten, erst trocken und flach, dann allmählich gelöster. Rufen Sie sobald wie möglich den Tierarzt. Das Pferd wird natürlich nicht mehr gearbeitet und bekommt spezielles Futter. Erst wenn das Pferd nicht mehr hustet, darf das Training sehr allmählich wiederaufgenommen werden. Da Vorbeugen besser ist als Heilen, sollte das Pferd jedes Jahr vor Beginn der Turniersaison gegen Influenza geimpft werden.
Kolik ist eine schwere Art von Verdauungsstörung und kann unter Umständen dadurch entstehen, daß ein Pferd im Verlauf der Turniersaison in fremden Ställen zu viele verschiedene Heusorten gefressen hat. Der Hauptgrund ist eine Überlastung des Magens – das heißt, das Pferd hat zuviel und das Falsche gefressen – zum Beispiel neuen Hafer, schimmeliges Heu, zuviel zu schnell gefressenes Mash, das nicht richtig verdaut wurde.
Zu einer Kolik kann es auch kommen, wenn der normale Tagesplan sich plötzlich ändert, wenn das Pferd vor dem Füttern nicht genügend Wasser bekommt oder wenn es nach dem Füttern zu schnell und zu hart gearbeitet wird. Manchmal genügt es schon, wenn ein erhitztes Pferd zuviel kaltes Wasser säuft.
Beim geringsten Kolikverdacht ist sofort der Tierarzt zu rufen. Symptome: Das Pferd ist unruhig, schlägt nach seinem Bauch, sieht sich nach seinen Flanken um, legt sich hin, wälzt sich, steht wieder auf und fängt wahrscheinlich an zu schwitzen. Der Tierarzt wird Anweisungen für die erste Behandlung geben, und auch wenn er nicht gleich kommt, steht er doch in Bereitschaft. Wenn ein Einlauf verordnet wird, sollte dieser auch vorhanden sein, weshalb er auch in der Liste für die auf Turnier mitzuführende Erste-Hilfe-Ausstattung aufgeführt ist (s. S. 97).

Krankenpflege

Halten Sie sich an die Anweisungen des Tierarztes, aber denken Sie immer daran, daß Ihre gute Pflege nach seiner Behandlung sehr wichtig ist. Ihre erste Pflicht haben Sie dadurch erfüllt, daß Sie beim ersten Auftreten ungewöhnlicher Symptome den Tierarzt riefen. Nun wird das kranke Pferd in eine gut belüftete, zugfreie Box gestellt und so gut wie möglich in einem ruhigen Teil des Stalls von den anderen Pferden isoliert. Es braucht eine saubere, tiefe Einstreu von Stroh oder Sägespänen. Langhalmiges Stroh behindert es in seiner Bewegung und ermüdet es, wenn es herumlaufen will. Der obere Teil der Stalltür sollte sich öffnen lassen. Frische Luft ist wichtig, das Pferd darf jedoch nie direktem Zug oder Wind ausgesetzt sein. Wenn der Tierarzt nichts dagegen hat, kann es den Kopf hinausstrecken. Auch wenn das Pferd wegen einer Verletzung angebunden werden muß, ist es besser, die obere Türhälfte offen zu lassen, damit frische Luft hereinkommt.

Natürlich muß das Pferd durch Eindecken und Bandagieren warm gehalten werden. Die Box wird häufig ausgemistet und frisch eingestreut. Eine etwaige medikamentöse Behandlung wird möglichst immer um die gleiche Tageszeit durchgeführt. Ein Teil der Pflege besteht darin, daß Sie dem Pferd einfach Gesellschaft leisten. Ein sehr krankes Pferd darf nie allein gelassen werden. Bitten Sie notfalls einen Freund, Sie abzulösen, wenn der Zustand des Pferdes kritisch ist.

Das Wasser muß häufig gewechselt werden, damit es nicht durch die Ammoniakdämpfe verseucht wird. Putzen Sie das Pferd, aber nehmen Sie dazu die Decke nicht ganz ab. Legen Sie den vorderen Teil der Decke nach hinten, bürsten Sie das Pferd vorn leicht ab, decken Sie es wieder ein und legen Sie den hinteren Teil der Decke über den vorderen, während Sie die Hinterhand putzen. Reiben mit der flachen Hand wird als wohltuend empfunden und trägt zur Entspannung bei. Wann und in welcher Form das Pferd nach einer Krankheitspause wieder gearbeitet werden kann, bestimmt der Tierarzt.

Zu den Dingen, die Sie unbedingt mitnehmen sollten, wenn Sie auf ein Turnier oder zu einer Jagd fahren, gehört eine Erste-Hilfe-Ausrüstung oder besser zwei, denn es kann nicht schaden, auch eine kleine Apotheke für sich selbst oder einen Begleiter mitzunehmen. Zur Erste-Hilfe-Ausrüstung für das Pferd gehören:

- Thermometer
- Leinen für Umschläge
- Wundpuder
- Desinfektionsmittel
- Schere
- Elastische Bandagen
- Wundwatte
- Spiritus
- Klistier
- Salz – und was sonst der Tierarzt empfiehlt.

Ich hoffe nicht, daß Sie Ihrem Pferde je Erste Hilfe leisten müssen, aber Sie sollten alles Notwendige zur Hand haben, damit jemand, der etwas davon versteht, im Notfall Erste Hilfe leisten kann.

Wettbewerbe

Wenn Sie mit Ihrer Ausbildung Erfolg hatten, wenn Ihr Pferd in allen Gangarten gut an den Hilfen steht und vertrauensvoll auch an unbekannte Sprünge herangeht, werden Sie der Versuchung kaum widerstehen können, sich die endgültige Bestätigung dieses Erfolgs durch die Teilnahme an Turnieren zu holen. Nur hier erweist sich, ob Ihr Pferd wirklich gehorsam ist, ob Sie es körperlich so gut in Kondition gebracht und soviel Übereinstimmung erzielt haben, daß es sich durch die vielen fremden Eindrücke auf einem Turnierplatz nicht wesentlich ablenken läßt.

Bevor Sie an eine Turnierteilnahme denken können, müssen Sie sich aber mit den entsprechenden Regeln vertraut machen, und dabei werden Sie nicht um die Bekanntschaft mit der LPO, der Lei-

Bild 39. Die Autorin in vorbildlichem Stil auf ihrem Pferd „Limelight" bei einer Geländeprüfung.

stungsprüfungsordnung, herumkommen, in der das oberste reiterliche Gremium, die Deutsche Reiterliche Vereinigung (nach ihrer international gebräuchlichen französischen Bezeichnung „Fédération Equestre Nationale“ auch kurz FN genannt) alle für Turniere jeder Art gültigen Bedingungen festgelegt hat. Sie kommt jedes Jahr neu heraus oder wird ergänzt – achten Sie also darauf, das wirklich neueste Exemplar in der Hand zu haben, wenn Sie nicht unliebsame Überraschungen erleben wollen. Kaufen kann man die LPO in den meisten Reitsportgeschäften, oder man bezieht sie direkt von der FN: Deutsche Reiterliche Vereinigung e.V., Postfach 640, 4410 Warendorf.

Seit dem 1. Januar 1976 gibt es drei Arten von Wettbewerben:

1. Wettbewerbe der Kategorie C (Klassen E = Eingangsstufe und A = Anfangsstufe) von lokaler Bedeutung
2. Leistungsprüfungen der Kategorie B (Klassen L = leicht und M = mittelschwer) von regionaler Bedeutung
3. Leistungsprüfungen der Kategorie A (Klassen M = mittelschwer und S = schwer).

Die Kategorie eines Wettbewerbes ist besonders dann wichtig, wenn Sie ein ausländisches Pferd vorstellen wollen. Für die „kleinen“ Prüfungen der Kat. C, die für den Anfang hauptsächlich in Frage kommen, muß Ihr Pferd nicht in die Turnierliste eingetragen sein. Ab Kat. B werden erhebliche Gebühren für die Startgenehmigung der FN fällig. Für Wettbewerbe der Kat. C brauchen Sie auch keinen Reiterausweis. Diesen müssen Sie sonst bei der zuständigen Landeskommission beantragen, die ihn neuerdings nur ausstellt, wenn Sie mindestens die Prüfung für das Deutsche Reiterabzeichen in Bronze bestanden haben. Außerdem müssen Sie Mitglied eines Vereins sein. Mit dem Reiterabzeichen in Silber wiederum dürfen Sie auf Prüfungen der Kat. C überhaupt nicht mehr starten – also Vorsicht!

An Material- und Reitpferdeprüfungen, die speziell für junge Pferde gedacht sind, können Sie nur mit einem deutschen Pferd teilnehmen. Der Start in einer Materialprüfung ist die einfachste Art, ein junges Pferd an das Turniergeschehen zu gewöhnen. Startberechtigt sind 3- und 4jährige (deutsche) Pferde, die an der Hand und unter dem Reiter vorgeführt werden. „Beurteilt werden“, so die LPO,

„ohne Berücksichtigung des Ausbildungsstandes die natürlichen Bewegungen des Pferdes in den drei Grundgangarten, sein Gebäude und sein Gesamteindruck als Reitpferd einschließlich des Temperaments."

Aber da Ihr Pferd ja bereits mit Erfolg die Grundausbildung absolviert hat, kann es sich auch schon in eine Reitpferdeprüfung (für 4- und 5jährige deutsche Pferde) wagen. „Beurteilt werden die Rittigkeit, das Springen und das Material des Pferdes. Maßgebend ist die Eignung als Reitpferd zum sofortigen Gebrauch" (LPO), wobei die Reihenfolge der Kriterien wohl nicht zufällig gewählt ist.

Bild 40. Ein junges Pferd in einer kleinen Springprüfung. Zum Schutz der Vorderbeine trägt es Springglocken und Bandagen.

Dann gibt es noch die reine Springpferdeprüfung, bei der die 4- und 5jährigen Pferde (auch Ausländer) einen Parcours zu überwinden haben und die – ebenfalls verlangte – Rittigkeit beim Überwinden der Hindernisse beurteilt wird. Das Material des Pferdes bleibt in diesem Fall außer Betracht.

Ohne altersmäßige Begrenzung nach oben sind die Springprüfungen, angefangen mit der neugeschaffenen Klasse E (für 4jährige und ältere Pferde), bei der die Hindernisse ein Mindestmaß von 0,80 m und ein Höchstmaß von 1,00 m haben. Die Klasse A bringt eine Steigerung der Anforderungen um 10 cm, das heißt die Sprünge sind von 1,00 bis 1,10 m hoch. Sie können nach Fehler und Stil, aber auch nach Fehlerpunkten und Zeit bewertet werden. Aber auch wenn – wie leider oft – die Zeit den Ausschlag gibt: Lassen Sie sich nicht hetzen! Für Ihr junges Pferd ist es viel wichtiger, von seinem ersten Turnier mit unerschüttertem Selbstvertrauen nach Hause zu kommen als mit einem Schleifchen.

Dasselbe gilt auch für das zukünftige Vielseitigkeitspferd, bei dem Mut und rückhaltloses Vertrauen zum Reiter eine vielleicht noch größere Rolle spielen. Entsprechend den höheren Anforderungen an Kondition und Ausdauer sind in Jagdpferdeprüfungen der Kat. C und B Pferde erst ab 5, in Kat. A sogar erst ab 6 Jahren startberechtigt. Bewertet werden wiederum Rittigkeit, Springen (einzeln) und Verhalten im Feld im Verhältnis 1 : 1 : 2.

Von der LPO vorgesehen, aber wenig ausgeschrieben sind die Point-to-Point-Rennen, das rennmäßige Überwinden einer Hindernisstrecke im Feld. Eher kann man schon einmal auf einen Geländeritt treffen, neuerdings auch immer häufiger auf den aus England importierten Begriff des One Day Event, einer echten Vielseitigkeitsprüfung mit Dressur, Geländeritt und Springen, die jedoch über reduzierte Distanzen an einem Tag durchgeführt wird statt an dreien. Vielseitigkeitsprüfungen der Kat. C sind offen für 4jährige und ältere Pferde, liegen also für ein veranlagtes, gut ausgebildetes junges Pferd durchaus im Bereich des Möglichen. Für den allerersten öffentlichen Start würde ich sie allerdings trotzdem nicht empfehlen; die Anforderungen können doch schon beträchtlich sein, und ein junges Pferd ist schnell verprellt.

Die Termine der größeren Turniere werden im Kalender für Pferdeleistungsprüfungen veröffentlicht, den man bei der FN abonnieren kann. Kleinere, regionale Veranstaltungen entnimmt man am besten einer Liste, die von der jeweiligen Landeskommission herausgegeben wird und nur die Termine und Kategorien der Turniere, jedoch keine Einzelheiten der Ausschreibungen enthält. Wenn man sich für eines dieser Turniere interessiert, muß man den veranstaltenden Verein direkt anschreiben und sich die Ausschreibung zuschicken lassen. Gerade bei kleineren Turnieren ist die Startberechtigung oft auf ein paar befreundete und benachbarte Vereine beschränkt.

Wenn Sie an einem Geländeritt oder einer Vielseitigkeitsprüfung teilnehmen wollen, versuchen Sie es auf jeden Fall zu ermöglichen, die Strecke am Vortag in Ruhe zu Fuß abzugehen. Wenn ein erfahrener Reiterkamerad oder Ausbilder Sie begleiten kann, um so besser. Nehmen Sie aber niemanden mit, der zu Ängstlichkeit oder Nervosität neigt, und gehen Sie möglichst nicht in einer Gruppe. Die allgemeine Unterhaltung lenkt zu leicht vom eigentlichen Zweck dieses Fußmarsches ab: sich die Hindernisse anzusehen und sich den Streckenverlauf, die Bodenverhältnisse und sonstigen Umstände einzuprägen.

Achten Sie auf die Reihenfolge der verschiedenen Phasen. Bei den meisten Turnieren folgt die Springprüfung auf die Geländephase, manchmal ist es aber auch umgekehrt. Nur die Dressurprüfung liegt immer am Anfang.

Im übrigen sollte es für jeden Turnierteilnehmer eine Selbstverständlichkeit sein, ordentlich und den Ereignissen entsprechend angezogen zu sein. Das erfordert schon die Höflichkeit gegenüber den Veranstaltern, die für den Erfolg ihres Turniers harte Arbeit geleistet haben, und gegenüber den Zuschauern, die zur Finanzierung des Unternehmens beitragen und Ihnen das Kompliment machen, Ihnen und Ihrem Pferd zuzuschauen.

Sachregister